Von den Fischen in der Ostsee

Sagen, Märchen und Geschichten
aus Mecklenburg-Vorpommern

Von den
Fischen
in der
Ostsee

Gesammelt von Albert Burkhardt
Illustrationen von Werner Schinko

steffen verlag

Inhalt

Das Riesenschiff

*E*inst befuhr ein riesiges Schiff die Meere. Manche sagten, es sei ein englisches Schiff gewesen, während andere berichteten, ein Nordlandkönig habe es bauen lassen. Es hatte unzählige Masten und Segel, und Tausende von Seeleuten waren an Bord. Der Kapitän ritt auf dem Verdeck umher und erteilte seine Befehle. Wollte er jedoch einmal auf dem ganzen Schiff nach dem Rechten sehen, so kam er erst nach einer Woche wieder zum Hauptmast zurück.

Nur junge Matrosen durften in die Takelage klettern.

Ergraut an Bart und Schopf kamen sie nach Jahren wieder herab, denn die Masten waren von schwindelnder Höhe und schienen bis in den Himmel zu reichen, fast bis an den Mond. In den Mastkörben und in den Blöcken des Tauwerks waren Herbergen und auch Gasthöfe mit Tanzsälen eingerichtet. Dort hielten die Matrosen Einkehr und hatten somit weder Not noch Langeweile auf dem Weg zu den Toppen und wieder herunter.

Als das Riesenschiff aus dem Weltmeer auf die Nordsee zuhielt, geriet es zwischen England und dem Festland in den Kanal und blieb infolge seiner Breite stecken. Doch der Kapitän wusste sich zu helfen: Er ließ die Backbordseite dick mit weißer Seife bestreichen, und bei der nächsten Brise glitt das Schiff hindurch, wenn sich dabei die Seife auch an den Klippen von Dover abscheuerte, weshalb sie dort bis heute in weißer Farbe leuchten.

Das Riesenschiff segelte über die Nordsee und wollte durch Skagerrak und Kattegat in die Ostsee hinein, doch in der Meerenge zwischen Helsingör und Helsingborg saß es wieder fest, aber diesmal derartig, dass selbst der Kapitän keinen Rat mehr wusste.

Endlich meldeten sich zwei Matrosen mit Namen Fockschoot und Kabeljau, beide an Bord als die stärksten Männer bekannt. Sie versprachen, ihr möglichstes zu tun, wenn der Kapitän ihnen freie Hand ließe. Das sagte er gern zu, und so gingen sie an Land, der eine an die dänische Küste, der andere an die schwedische, setzten zu gleicher Zeit ihre

Handspaken, kurze, starke Hebel, an die Bordwand und wrakten – stießen, schoben und quetschten – langsam den Koloss hindurch.

So gelangte das Riesenschiff doch noch in die Ostsee. Da geschah ein neues Unglück: Mitten in einem schlimmen Unwetter saß es abermals fest. Um es wieder flott zu bekommen, blieb dem Kapitän nichts anderes übrig, als sämtlichen Ballast über Bord zu werfen. Es ist kaum zu glauben, aber daraus ist die Insel Bornholm entstanden, und aus dem Rest, den die Matrosen zusammenfegten, wurde auch noch etwas, die kleine Insel Christiansö, die heute ein starkes Leuchtfeuer hat. Sie liegt zwar ein Stück nordöstlich von Bornholm in der See, aber man muss bedenken, dass das Riesenschiff schon wieder Fahrt machte. Wohin es weiter gesegelt ist und was noch mit ihm wurde, davon hat kein Mensch mehr berichtet.

Von den Fischen in der Ostsee

Einmal kamen die Fische auf den Gedanken, sich einen König zu wählen. »Das ist nicht in Ordnung«, meinten sie. »Alle schwimmen, wie sie wollen, und die großen schlagen mit den Schwänzen nach den kleinen, stoßen sie beiseite oder verschlucken sie sogar.« König sollte also sein, wer am schnellsten schwimmen und in der Not den Schwachen zu Hilfe eilen konnte.

Der Hecht, der gern König werden wollte, stellte alle Fische ordentlich in Reih und Glied auf. Nur die Steinbutte sprach: »Ich geh schnell nochmal nach Hause und binde mir eine weiße Schürze um.« Sie dachte nämlich, wenn sie König würde, wäre es gar nicht schicklich, sich nackt und bloß zu zeigen. Aber so schnell ging das nicht, denn sie war schrecklich aufgeregt. Als sie zurückkam, war der Wettkampf schon vorbei, und der Barsch sagte zu ihr: »Der Hering ist König!«

Da strich die Steinbutte ihre schöne weiße Schürze glatt und schrie empört mit schiefem Mund: »Was, der nackte, dünne Hering?«

Währenddem krähte der Hahn, und sie bekam den Mund nicht mehr gerade.

An einem schönen Frühlingstag begegneten sich einmal Flunder und Hering. Der eine Fisch wollte zum Strand, der andere kam von dort. »Hier, Platz gemacht!« rief der Hering, als sie sich näher kamen. Er bildete sich nicht wenig ein, seitdem er König aller Fische geworden war. Die Flunder sah ihn groß an und fragte erst einmal: »Was bist du denn für einer?« »Ich bin der Hering!« versetzte der in forschem Ton. »Nicht möglich!« sprach die Flunder und zog verächtlich ihr Maul schief. »Ist der Hering denn auch ein Fisch?« Aber gerade, als sie die letzten Worte sagte, sprang der Wind um, und da blieb ihr das Maul schief stehen. So ist es bis heute geblieben, bei der Flunder, bei der Steinbutte und überhaupt bei allen Schollen.

Den Hornfisch, einen sonderbaren Gesellen mit langem Schnabel und grasgrünen Gräten, mochten die Fischer in Wustrow nicht besonders gern, und darum riefen sie ihm zu: »Mach, dass du nach Dierhagen kommst!«

War er dann den Dierhagenern ins Netz gegangen, warfen auch die ihn wieder ins Meer mit den Worten: »Mach, dass du nach Graal und Müritz kommst!«

Doch weder die Fischer in Graal noch die in Müritz machten sich viel aus ihm. So schickten sie ihn weiter nach Warnemünde. Dort kam er den Fischern gerade recht, und die sangen:

> *»Hornfisch, Hornfisch,*
> *dich wollen wir uns braten,*
> *du wirst uns gut geraten!«*

Vineta

An einem Ostermorgen hütete ein Schäferjunge seine Herde nahe dem Strand von Koserow. Wie er über die weite See blickte, die, in der Sonne schimmernd, ruhig dalag, stieg mit einem Male eine alte, ehrwürdige Stadt aus dem Wasser empor. Gerade vor ihm tat sich ein hohes, reich verziertes Tor in der Mauer auf. Erstaunt und wie von einem Trugbild geblendet saß er da. Dann sprang er auf und lief neugierig hinein.

Die Wächter, bärtige Männer mit Spießen und Hellebarden, ließen ihn ungehindert hindurch, und gleich sah er sich mitten unter Menschen, die sonderbar, aber doch prächtig gekleidet waren. So trugen die Männer lange pelzbesetzte Mäntel und federgeschmückte Barette. Die Frauen gingen kostbar in Samt und Seide gekleidet, und vom Hals hingen ihnen schwere, mit Edelsteinen besetzte Goldketten herab. Von den Häusern war eines immer prunkvoller gebaut als das andere, mit Fenstern aus buntem Glas, mit Säulen von weißem Marmor und Alabaster, mit reich verzierten Giebeln, und die vergoldeten Ziegel ihrer Fassaden tauchten die Straßen in hellen Glanz und Schein.

Eilig lief der Junge auf und ab, ihm wurde unheimlich zumute, denn alles in dieser seltsamen Stadt geschah ohne den geringsten Laut. Stumm bewegten sich die Menschen auf den Straßen, stumm drängten sie sich auch um die Tische auf dem Markt, wo Kaufleute Waren feilboten und stumm ihre Stoffballen entrollten: weichen Samt, glänzenden Brokat, leuchtende Seide, hauchdünne Spitzen, dazu wollene Decken und schwere Teppiche. Vor Staunen blieb der Junge stehen. Da winkte ihm ein Kaufmann zu, und als er weitergehen wollte, winkte er wieder und lachte freundlich, breitete dabei herrlichen Stoff aus und bot ihn dem Jungen an, aber der schüttelte den Kopf. Woher sollte er, ein armer Schäferjunge, denn Geld haben, um etwas zu kaufen? Jetzt begannen auch die anderen Kaufleute, ihm zuzuwinken, ihre schönsten Sachen holten sie hervor, um sie ihm anzubieten. Was sollte er nur tun?

Da streckte er ihnen seine beiden leeren Hände hin, nun mussten sie doch verstehen, dass er nichts hatte. Der Kaufmann nahm ein kleines

Geldstück und wies auf seinen Tisch voll Ware. In allen Taschen seines alten Anzugs suchte der Junge, aber er wusste ja, dass er nicht einen Pfennig besaß. Traurig und enttäuscht sahen sie ihm zu.

Schnell ging er durch die Straßen und durch das hohe Tor zurück zum Strand und zu seinen Schafen. Als er sich umwandte, lag vor ihm in der Sonne nur wieder die See, und nichts war mehr zu sehen von der schönen alten Stadt, von Pracht und Glanz. Lautlos, wie sie emporgestiegen, war sie wieder in den Fluten versunken.

Betrübt und nachdenklich saß der Junge noch am Strand, als ein alter Fischer vorbeikam, sich zu ihm setzte und ihn ansprach: »Höre, wenn du ein Sonntagskind bist, kannst du heute, am Ostermorgen, die Stadt Vineta aus dem Meer steigen sehen. Sie ist hier vor vielen, vielen Jahren untergegangen.«

»Oh, ich hab' sie gesehen!«, rief der Junge und berichtete dem Alten, was er erlebt hatte und dass die Stadt dann gleich wieder verschwunden war.

Der Fischer nickte bedächtig, und dann begann er langsam zu erzählen, was ihm bekannt geworden war. »Siehst du, hättest du auch nur einen Pfennig gehabt und damit bezahlen können, so wäre Vineta erlöst und die ganze Stadt mit allem, was darin ist, an der Oberfläche geblieben.

Vineta ist einst größer gewesen als irgendeine andere Stadt in Europa, größer selbst als die gewiss sehr große und schöne Stadt Konstantinopel, und ihre Bewohner waren über alle Maßen reich, da sie mit vielen Völkern der Erde Handel trieben und ihre Schiffe aus allen Teilen der Welt die besten und kostbarsten Waren brachten. Ihre Stadttore waren aus Erz und die Glocken aus Silber, das für so gewöhnlich galt, dass man die einfachsten Dinge daraus herstellte und die Kinder auf der Straße sogar mit Silbermünzen spielten.

Je mehr Reichtum in Vineta Einzug hielt, desto mehr verfielen die Bewohner aber auch dem Hochmut und der Verschwendungssucht. Bei den Mahlzeiten aßen sie nur noch die auserlesensten Speisen, und Wein tranken sie aus Bechern von purem Silber oder Gold. Ebenso beschlugen sie die Hufe ihrer Pferde mit Silber oder Gold anstatt mit Eisen und

ließen selbst die Schweine aus goldenen Trögen fressen. Löcher in den Hauswänden verstopften sie mit Brot und Semmeln.

Drei Monate, drei Wochen und drei Tage vor dem Untergang der Stadt erschien sie über dem Meer mit allen Häusern, Türmen und Mauern als ein deutliches, farbiges Luftgebilde. Darauf sprachen einige alte Leute davon, es sei wohl an der Zeit, die Stadt zu verlassen, denn sehe man Städte, Schiffe oder Menschen doppelt, so bedeute das deren Untergang. Aber man gab nichts auf diese Warnungen und verlachte sie nur.

Einige Wochen danach tauchte eine Wasserfrau dicht vor der Stadt aus dem Meer und rief dreimal mit hoher, schauerlicher Stimme, dass es laut in den Straßen widerhallte:

>*Vineta, Vineta, du reiche Stadt,*
Vineta, du sollst untergehn,
weil hier viel Böses ist geschehn!<

Auch darum kümmerte sich keiner, alle lebten weiter in Saus und Braus, bis sie das Strafgericht ereilte. In einer stürmischen Novembernacht brach eine furchtbare Sturmflut über die Stadt herein. Im Nu durcheilte der riesige Wogenschwall die Straßen und Gassen. Das Wasser stieg und stieg, bis es alle Häuser und Menschen unter sich begrub.«

Der Fischer machte eine Pause, dann sprach er weiter zu dem Schäferjungen: »Dass man Vineta erlösen kann, wenn es alle hundert Jahre am Ostermorgen auftaucht aus dem Meer, habe ich dir erzählt. Nun sollst du noch wissen, dass die silbernen Glocken der versunkenen Stadt am vierundzwanzigsten Juni, dem Johannistag, in der Mittagsstunde aus der Tiefe heraufklingen, dass aber jeder, der ihren dumpfen, traurigen Tönen lauscht, eilends davongehen muss. Sonst wird er unwiderstehlich angelockt von ihrem Klang und folgt ihm nach, bis er selbst da unten ruht.«

Der Name Usedom

*I*n alter Zeit war die Insel Usedom, obwohl schon lange von Menschen bewohnt, noch immer ohne Namen. Darum versammelten sich eines Tages alle Einwohner an einem Ort, und jeder konnte einen Vorschlag machen. Es ging viel Gerede hin und her, nur einen Namen für die Insel wusste niemand zu nennen. Endlich waren alle still, denn jeder wartete gespannt, dass der andere einen treffenden Namen sagen würde, aber keinem wollte einer einfallen.

Da sprach ein grauhaariger Alter: »Das nächste Wort, das einer spricht, soll der Name unserer Insel sein, sonst sitzen wir noch lange hier.«

Jetzt schwiegen alle aus Angst. Wie leicht konnte ein unbedachtes Wort für alle Zeit den Namen bestimmen! So saßen sie wohl eine gute Stunde und sannen angestrengt, bis einer aufsprang und ungeduldig rief: »Oh, so dumm, dass wir keinen Namen finden!«

Nun war es geschehen. Hatten sie aber gehofft, einen besonders hübschen Namen zu bekommen, so war es nichts damit, denn sie mussten sich »Osodummer« nennen lassen. Doch mit lachender Miene fanden sie sich drein. Schließlich war dieser Name immer noch besser als gar keiner, und im Laufe vieler Jahre ist dann »Usedom« daraus geworden.

Die Wilde Jagd im Thurbruch

*T*rieb einst die Wilde Jagd auch überall ihr Wesen, so tobte sie doch an der Küste noch heftiger als im Binnenland. Plötzlich stürmte sie heran, die wilde Schar, fuhr rasend über Land und See, laut pfeifend und johlend der Tross der finsteren Kriegsgesellen, geführt vom Wilden Jäger im weiten Mantel. Zuweilen bäumte sich sein Pferd auf und stieß Blitze durch die Nüstern. Schon war der Tross vorübergeeilt, und der Lärm verhallte in der Ferne.

Im Thurbruch auf Usedom, zwischen Gothensee und Kachliner See, hatte sich ein später Wanderer verirrt. Menschen waren fern, bläuliche Irrlichter zuckten, der Mann fand nicht mehr Weg noch Steg. Da schrillte ein Pfiff, Wind brauste auf, zerrte ihn hierhin und dorthin. Mit Peitschengeknall und lautem Hallo und Hoiho sauste die Wilde Jagd durch die Luft, gespenstische Reiter in dichter, gedrängter Schar.

Mittendrin – der Wanderer riss seine Augen auf – ein Mönch vom Usedomer Kloster Pudagla, lärmend aus voller Kehle. Er fuhr, wie es schien, lieber mit Hussaklang durch die Lüfte, als dass er hinter Mauern fromme Lieder sang. Gleich hinter ihm flog ein finster blickender Edelmann auf schwarzem Ross vorbei, Hunde umkläfften ihn und sprangen an ihm hoch, Hörnerruf erscholl.

Wie zerschlagen lag der Wanderer da. Quälte ihn ein böser Traum? Nein, er war hellwach! Erst als der wüste Zug vorüber war, sank er in tiefen Schlaf.

Im Wald bei Ulrichshorst, am Rande des Thurbruchs, waren zwei Männer bei vorgeschrittener Dämmerung noch unterwegs, ein Bauer und ein Matrose, der in einem fort von dem harten Leben auf See und von stürmischen Nächten an Bord erzählte.

Ein starker Wind fegte heran, und bald vernahmen sie ein fernes Sausen, ein immer näher kommendes Brausen. Der Bauer warnte: »Die Wilde Jagd! Vom Thurbruch fährt sie heran. Kommt auf den Mittelweg, da ist keine Gefahr!«

Der Seemann winkte ab. Er hatte auf dem Schiff vielen Stürmen getrotzt. Hier, auf dem Lande, sollte er zaghaft sein? »Hör mal, auf dem Schiff, da musst du in der Mitte bleiben, sonst reißen dich die Sturmseen über Bord. Aber hier ist ja alles fest.« Ratsch – ein Zweig, vom Baum losgesplittert, schlug ihm die Mütze vom Kopf. Hei, wie es in den Lüften heulte, wild die Bäume schüttelte und niederbog! Bliff, blaff – die Hundemeute, voller Jagdlust und Beutegier. Ein heiserer Ruf von oben: »Haltet den Mittelweg!«

Wieder stürzte etwas dicht vor dem Matrosen auf den Boden, ein schwerer Ast diesmal. Der Seemann griff ihn sich und rief: »Der Knubben ist mir gerade recht, der soll im Herd knacken, dass ich morgen einen guten Braten bekomme.«

Schon war die Wilde Jagd vorüber. Da zeigte es sich, dass der Bauer unverletzt, der Seemann an seiner Seite aber arg zerschunden war. Gesicht und Hände waren voller Schrammen. Als sie im Dorf anlangten und sich den schweren Ast bei Licht besahen, war es ein langer Knochen von riesigem Wild. Erschrocken schleuderte der Matrose ihn von sich. Nein, da fuhr er lieber zur See! Künftig mied er zu später Stunde den Weg am Thurbruch.

Eine Bauersfrau aus Reetzow am Gothensee war einmal auf dem einsamen Weg zwischen Prätenow und Katschow. Sie trug einen großen Kupferkessel, den ein Klempner in der Stadt Usedom ausgebessert hatte.

Gerade hatte sie den Sandberg vor Katschow erreicht und wollte ein wenig verschnaufen, da hörte sie vom Kachliner See her ein lautes Getöse in der Luft und gleich darauf Kettengeklirr und Hundegebell. Das wütende Heer war es, das sich vom Thurbruch beängstigend schnell näherte.

Nach dem ersten Schreck setzte sich die Frau nieder und stülpte geschwind den Kessel über sich, dass sie darunter verschwand.

Unterdessen war die Wilde Jagd heran. Dröhnend wurde an den Kessel geklopft, und eine tiefe Stimme sprach: »Ein fetter Braten, aber fest versiegelt!«

Dann zog die wilde Kriegsschar weiter, und die Frau kam mit dem Schrecken davon.

Die Ritter auf Schloss Vogelsang

*F*rüher gehörte das Land zwischen Ribnitz-Damgarten und dem Oderhaff zum Herzogtum Pommern. Auf Schloss Vogelsang am Haff saßen die Ritter Bröker, denen die weiten Waldungen zwischen Ueckermünde und Altwarp gehörten. Stets wussten sie sich den Anschein biederer und ehrbarer Leute zu geben, und der Herzog von Pommern weilte oft bei ihnen zur Jagd. Sie waren jedoch keinen Deut besser als viele ihres Schlages, nur richteten sie ihre Raubzüge so schlau ein, dass sie nie zu fassen waren. Mit Vorliebe machten sie die alte Landstraße unsicher, die von Ueckermünde her durch den einsamen Wald führte.

Als sie dort wieder einmal über einen Wagenzug herfielen, wehrten sich Kaufleute und Fuhrleute mit dem Mute der Verzweiflung. Diesmal führten sie besonders wertvolle Güter mit, die für den Herzog bestimmt waren. Doch die Ritter und ihre Kumpane erwiesen sich als stärker und schlugen sie alle nieder.

An der Wokuhl, einem Torfloch ganz in der Nähe, waren fünf Frauen mit dem Waschen von Schafen beschäftigt, und sie waren heimliche Zeugen der Untat geworden. Aber der Anführer bemerkte sie noch im Davonreiten und gab nicht eher Ruhe, als bis auch sie erschlagen und ihre Leichen in die Wokuhl geworfen waren.

Mit der Zeit kamen diese Gewalttaten dem Herzog zu Ohren, so dass er sich genötigt sah, seine Waffenknechte auszuschicken, die das Räubergesindel dingfest machen sollten. Damit hatte es aber noch gute Weile. Als die Knechte in Vogelsang ankamen, suchten die Ritter durch unterirdische Gänge, von denen einer bis nach Ueckermünde führte, das Weite, und das Nest war leer.

Mit der Räuberei hörten sie auch jetzt nicht auf, und um Verfolger irrezuführen, ließen sie ihren Pferden die Hufeisen verkehrt herum anschlagen. Waren die Räuber im Schloss, so führten ihre Spuren in den Wald, und waren sie auf Raub aus, dann folgte man den Spuren bis ins Schloss und fand es wiederum verlassen. Endlich halfen ihnen alle Schliche nichts mehr, sie wurden nach Stettin gebracht und nahmen ein Ende mit Schrecken: Jeden von ihnen rissen vier Pferde auseinander.

Den schlimmsten der Ritter Bröker glaubten die Leute bei Vogelsang lange danach zu nächtlicher Stunde in Gestalt einer Feuersäule zu sehen. Noch im Tode fand er keine Ruhe.

Die Goldtonne im Achtersee

Dicht bei dem Dorf Boock, östlich von Pasewalk, liegt der Achtersee, heute ein kleines Wasserloch, früher aber ein richtiger See, an dessen Ufern Bauern und Weber ihr Leinenzeug bleichten. Die Bleichstellen und der Karrenstieg sind heute noch bekannt.

Die alten Boocker wussten von einer Tonne mit viel Gold zu erzählen. Sie liege im See, hieß es, das ganze Jahr über auf dem tiefen Grund. Nur in der Nacht zum 24. Juni, der Johannisnacht, komme sie kurz

vor zwölf hoch und schwimme auf dem See. Wenn einer gut aufpasse, könne er die Tonne holen, er dürfe jedoch kein Wort dabei reden.

Das hatte sich der alte Bauer Behm vorgenommen.

Als wieder einmal Johannistag war, spannte er seine vier Pferde vor den Mistwagen, hing sich die Kalit – den Korb mit Brot und Speck – über die Schulter und fuhr zum Achtersee. Dort hielt er an und wartete.

Kurz vor Mitternacht fing das Wasser an zu wogen und zu leuchten, als ginge die goldene Sonne im See auf. Das war die Goldtonne, die im Mondschein auf dem Wasser schwamm. Bauer Behm hatte einen langen Feuerhaken mitgebracht. Er watete so weit in den See hinein, bis er die Tonne erreichen konnte. Bald lag sie am Ufer, und er musste sie noch auf den Wagen heben. Aber er wusste schon, wie das anzufangen war, oft genug hatte er im Wald dicke Baumstämme auf den Wagen gewuchtet. Mit vieler Mühe gelang es ihm schließlich, die Schweißtropfen rannen ihm nur so übers Gesicht.

Jetzt konnte er losfahren. Er packte die Zügel, und die Pferde zogen kräftig an. Doch auf dem halben Berg konnten sie nicht mehr weiter, die Last war zu schwer. Soviel er an den Zügeln ruckte und zerrte, die Tiere standen still. Wütend schrie er: »Hü, wollt ihr wohl, ihr Bande!«

Im gleichen Augenblick fiel die Tonne vom Wagen, kullerte den Berg hinunter geradewegs in den See und rief dabei: »Kindeskindeskinder!« Bauer Behm musste mit leerem Wagen heimfahren.

Danach hat niemand mehr die Goldtonne auf dem See erblickt, und wann die Zeit um ist, dass Kindeskindeskinder sie einmal wiedersehen, das hat auch noch keiner herausgefunden.

Der Feuerkönig auf dem Ahlbecker See

*I*mmer wenn des Nachts auf dem Ahlbecker See bei Ueckermünde der Feuerkönig erschien, wenn er langsam vom Burgwall herabschwebte und bedächtig über die Wasserfläche schritt, wussten die Fischer, es stand ein Sturm bevor.

Wie flüssiges Gold glühte die Krone des Feuerkönigs, der weite Mantel umwallte gleich einem feurigen Schweif seine Schultern, und in der Hand schwang er sein Schwert, aus dem Flammen zuckten.

Niemand wagte dann hinauszufahren. Die Fischer wären am liebsten davongelaufen, doch standen sie wie festgebannt und starrten auf die feurige Gestalt.

Einmal trat ein junger Fischer aus ihrer Mitte hervor und sprang in sein Boot, entschlossen, den Wahn zu zerstören. Umsonst waren die Warnungen der Alten, er stieß ab und hielt auf den Feuerkönig zu. Der wich aus und lockte ihn weiter bis zur Mitte des Sees.

Schon schlugen Wellen ans Ufer, die Fischer beschlich Angst und Grauen. Wie ein Pfeil flog das Boot nun hierhin und dorthin, vor ihm der Feuerkönig in schnellem, wildem Tanz. Lauter rauschte das Wasser, der Sturm schwoll an zum Orkan, der den See aufwühlte bis zum Grund, entsetzt wichen die Fischer zurück – da verschwand die feurige Säule, es war wieder dunkle Nacht.

Am Morgen fanden die Fischer ihren Kameraden tot in seinem Boot, das an derselben Stelle angetrieben war.

Auch als der Ahlbecker See nach dem Jahre 1744 abgelassen wurde, als sich der Seegrund in eine Wiesenfläche verwandelte und die Siedlungen Vorsee, Gegensee und Hintersee entstanden, wollen die Leute noch den Feuerkönig gesehen haben, nur nicht mehr so oft.

War sein Flammenschwert in seltsamen Figuren durch die Luft gefahren, geschah es jetzt, dass er sich plötzlich niederwarf, sich auf den nassen Wiesen wälzte und langsam erlosch.

Zuweilen stieg er abermals empor, noch größer, noch feuriger glühte sein blutroter Schein durch die Nacht, und immer näher kam er den

Gehöften, so nahe, dass man in hellen Ängsten war und sie schon Feuer fangen sah. Doch verging er wie im Nebel, wie von der Dunkelheit verschluckt, und neues Unheil hat er nirgends angerichtet.

Der Schatz am Gartzer Stadttor

Am Tor von Gartz, der alten Stadt an der Oder, stand früher ein Haus, das direkt an die Stadtmauer gebaut war. Dort wohnte ein junges Mädchen mit den Eltern.

Eines Nachts, das Mädchen war schon eingeschlafen, klopfte es dreimal vernehmlich an den Fensterladen der Kammer. Das Mädchen fuhr hoch und lauschte. Da alles still blieb, schlief es bald wieder ein. Als sich das Klopfen in der nächsten Nacht wiederholte, zog das Mädchen voll Furcht die Decke über den Kopf und konnte nicht mehr schlafen. Am Morgen erzählte es den Eltern davon. Sie gingen gemeinsam zu einer alten Frau, die in solchen Dingen Bescheid wusste und dem Mädchen riet, ruhig den Fensterladen zu öffnen und zu fragen, was das Klopfen zu bedeuten habe.

Als es in der dritten Nacht wieder dreimal an den Fensterladen klopfte, befolgte das Mädchen den Rat. Im Mondschein war eine Nonne aus dem Kloster zu erkennen. Sie sprach: »Mein Kind, ich danke dir, dass du mich gefragt hast. Nun kannst du mich erlösen. Ich habe einmal Geld, das mir anvertraut war, beim Tor an der Stadtmauer vergraben und finde keine Ruhe mehr, bis es wieder ausgegraben ist. Komm nur morgen, wenn Vollmond ist, mit einem Spaten. Ich zeige dir, wo es liegt. Was du ausgräbst, kannst du behalten, doch sprechen darfst du nicht, kein einziges Wort, sonst müsste ich so lange ruhelos sein, bis ein dreibeiniger Hase durch das Tor läuft.« Nach diesen Worten verschwand die Nonne.

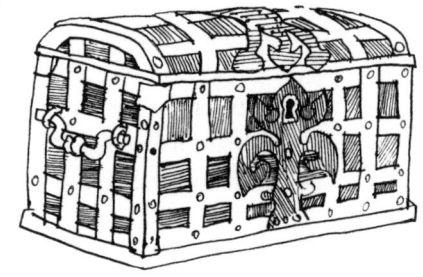

In der nächsten Nacht, als die Turmuhr gerade zwölf zu schlagen begann, stand das Mädchen schon in der Haustür. Beim letzten Glockenschlag kam die Nonne wieder, führte das Mädchen in einen Winkel des Torturms und deutete auf den Boden. Eingedenk ihrer Worte fing das Mädchen schweigend an zu graben. Es war ganz still, als sich eine schwarze Natter aus der Grube ringelte. Es blieb auch stumm, als plötzlich ein schwarzer Pudel mit rotglühenden Augen erschien.

Endlich stieß der Spaten auf etwas Hartes. Vor Freude vergaß das Mädchen den Rat der Nonne und rief: »Jetzt hab ich ihn!« Da ertönte ein furchtbarer Donnerschlag. Laut klagend lief die Nonne davon. Das Mädchen fiel wie tot zu Boden. Als es erwachte, war alles dunkel. Die Nonne war verschwunden, ebenso der Kasten mit dem Schatz.

Das Mädchen konnte sich von dem schweren Schlag nicht mehr erholen und starb bald darauf.

Kiek in de Mark

*I*m Südwesten von Pasewalk, das einst zum Herzogtum Pommern gehörte, steht als Teil der mittelalterlichen Befestigungsanlagen ein Wachtturm mit dem Namen »Kiek in de Mark«. Wer die Plattform hinter dem Zinnenkranz ersteigt, der kann wie vor fünfhundert Jahren, als der Turm aus roten Backsteinen hochgemauert wurde, weit über die Wiesen an der Uecker in die Mark Brandenburg »kieken«.

Damals, im Jahre 1445, versuchte Kurfürst Friedrich II., der Markgraf von Brandenburg, Pasewalk den pommerschen Landesherren streitig zu machen. »Eisenzahn« wurde der Brandenburger genannt, weil er alles, was er sich einmal in den Kopf gesetzt hatte, rücksichtslos verfolgte und wie mit eisernen Zähnen daran festhielt. Was er in Verhandlungen nicht erreichte, wollte er sich nun mit Waffengewalt holen. Mit einem starken Heer erschien er vor der Stadt – doch er wurde bereits erwartet, sein Anmarsch war den Pommern nicht verborgen geblieben. Sie hatten die Besatzung rechtzeitig verstärkt. So mussten sich die anstürmenden

Brandenburger nicht nur mit blutigen Köpfen zurückziehen, kühne Ausfälle der Belagerten versetzten sie in Furcht und Schrecken. Als sie dann in einen Hinterhalt von heranrückenden pommerschen Mannschaften gerieten, wäre es zu einer heillosen Flucht gekommen, hätte nicht der Eisenzahn energisch Einhalt geboten. Wutentbrannt sann er auf Rache, erkannte jedoch, dass er mit offener Gewalt gegen die gut befestigte Stadt und ihre beherzten Verteidiger nichts auszurichten vermochte.

Zwei gefangene Pasewalker Bürger, »die beiden Langhälse« genannt, schienen ihm für eine List geeignet. Ihnen versprach er den doppelten Wert ihrer Häuser und dazu noch besseren Besitz in Prenzlau, wenn sie nach dem Austausch für gefangene Brandenburger ihre Häuser in Brand stecken würden. Er glaubte, im Tumult bei einer Feuersbrunst leichtes Spiel mit den Stadtwachen zu haben.

Acht Tage nach der Auslösung erfüllten die Langhälse ihre Zusage. Als einer der beiden Brüder aber das Seil eines Ziehbrunnens durchschnitt, damit sich das Feuer durch Wassermangel schneller ausbreite, wurde er von einer alten Frau ertappt, mit einer Mistgabel niedergeschlagen und so lange festgehalten, bis Leute herbeikamen. Sie durchschauten den Verrat und warfen die Langhälse samt ihren Frauen und Kindern erbarmungslos ins Feuer.

Hell loderten die Feuergarben über der Stadt zum Himmel. Da hielt der Markgraf von Brandenburg den rechten Augenblick für gekommen und rückte mit seiner ganzen Streitmacht vor. Die Pasewalker hielten jedoch mannhaft stand. Ihre Habe überließen sie den Flammen, mochte die halbe Stadt in Schutt und Asche sinken – sie wichen und wankten nicht von Mauern und Toren. Zwar kämpften sich auch die Märker mutig voran, am Prenzlauer Tor gelang es ihnen sogar, die Reihen der Verteidiger zu durchbrechen und ein Stück in die nächsten Gassen vorzupreschen. Aber die Pasewalker drängten sie wieder hinaus, setzten ihnen nach und gaben nicht eher Ruhe, bis der Brandenburger mit seinen geschlagenen Truppen abzog.

Nun war es an den Pasewalkern, sich für den angerichteten Schaden zu rächen. Plündernd und brennend fiel die Besatzung der Stadt alsbald in die Uckermark ein und rückte bis vor die Tore von Prenzlau. Dort lauerte eine Streitmacht der Märker, um ihnen den Rückweg abzuschneiden. Doch die Pasewalker schlugen auch sie in die Flucht und banden zweihundert Gefangene mit Stricken, die die Prenzlauer vorsorglich mitgenommen hatten, um die zu fangenden Pommern zu fesseln. Für die Freigabe ihrer Gefangenen verlangten die Pasewalker ein ansehnliches Lösegeld. Davon erbauten sie sich an der Südwestseite ihrer Stadtmauer einen starken Turm, nannten ihn »Kiek in de Mark« und sangen den Brandenburgern zum Spott:

»Kiek in de Mark un trure nich,
Markgraf Friedrich, de deit di nicks!«
(Schau in die Mark und sei nicht traurig,
Markgraf Friedrich, der tut dir nichts!)

Sie behielten recht, denn an ihrem zähen Willen und an ihren harten Mauern biss der Eisenzahn sich stumpf. Nach weiteren Überrumpelungsversuchen, die alle erfolglos blieben, erklärte er 1448 zu Prenzlau feierlich, er werde zu keiner Zeit mehr Ansprüche auf das Gebiet von Pasewalk erheben. Damit war in der Stadt endlich Ruhe eingekehrt, und die niedergebrannten Straßen wurden neu und schöner wieder aufgebaut.

Die Blutbirke

*B*ei dem Dorf Alt Kosenow, südöstlich von Anklam, liegt die Schlossbergkoppel, eine kleine Anhöhe, deren Name daran erinnert, dass hier vor langer Zeit ein Schloss stand, viel größer und prächtiger als das später erbaute Gutshaus. Der Schlossherr war wegen seiner Härte und Grausamkeit gefürchtet, ebenso seine Tochter, ein wunderschönes Mädchen mit langem, seidigem Haar. Sie war eine leidenschaftliche Reiterin und kaum jemals anders zu sehen als auf dem Rücken ihres Pferdes, eines feurigen Schimmels.

Einmal kamen ihr Kinder von Gutsarbeitern entgegen, müde von stundenlangem Ährenlesen auf abgeernteten Feldern. Sie traten scheu beiseite und grüßten. Die Reiterin sprang vom Pferd, entriss ihnen Körbe und Taschen, schüttete Ähren und Körner mitten auf den Weg und spornte ihren Schimmel an, mit seinen festen Hufen darauf herumzutreten. Lachend schwang sie sich wieder in den Sattel und rief: »Ja, sammelt nur, alles ist schon gedroschen und gemahlen!« Mit wehendem Haar ritt sie davon.

Wenn sie sah, dass sich die Hühner von Bauern und Landarbeitern auf der Dorfstraße oder auf dem Anger ein bisschen Futter suchten, preschte sie direkt auf die Tiere zu. Das ging so schnell, dass die Federn flogen und immer einige Hühner blutend oder ganz und gar zertreten liegen blieben.

Eines Abends kam das Mädchen in wildem Galopp den Schlossberg herauf. Da stand auf dem Weg plötzlich ein altes Männlein. Erschrocken hielt der Schimmel an und bäumte sich auf. Die herrische Reiterin flog kopfüber ins Gras. Doch im Nu hatte sie sich erhoben und schlug, außer sich vor Wut, mit ihrer Reitgerte auf den Kleinen ein, dass ihm das Blut aus den Adern sprang. »Der Teufel soll dich holen, du Dreckskerl!«, schrie sie, saß sogleich wieder auf und galoppierte dem Schloss zu. Das Männlein hob drohend die Faust und murmelte eine Verwünschung hinter ihr her.

Am anderen Morgen kamen die im Dorf wohnenden Gutsarbeiter,

um das Tagewerk zu beginnen.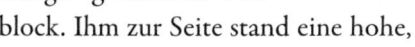
Sie glaubten ihren Augen
nicht zu trauen: Vor ihnen
lag statt des Schlosses ein
riesiger graublauer Fels-
block. Ihm zur Seite stand eine hohe,
schlanke Birke, deren Zweige wie langes
Mädchenhaar weit herabhingen. Eine Magd, die sich für das nahe Os-
terfest Reiser schnitt, warf die Zweige mit einem Aufschrei fort, denn
sie bemerkte, dass an den Schnittstellen des Baumes Blutstropfen her-
vorquollen.

Hundert Jahre danach, als die Poststraßen mit einer Schotterdecke
befestigt wurden, ließ der Gutsherr von Alt Kosenow den großen Stein
auf der Schlossbergkoppel sprengen und die Brocken abfahren. Nun
war zu erkennen, dass sich die Wurzeln der Blutbirke fest in den Stein
verkrallt hatten. Sie mussten abgehauen werden. Darauf verdorrte der
Baum.

Ein kräftiger Steinschläger, der jeden Tag am Straßenrand saß und
Blöcke zu Schotter zerkleinerte, erzählte später, nie wieder habe er sich
so abmühen müssen wie mit den harten Gesteinsbrocken vom Schlossberg.

Der Hohe Stein

*U*m die gleiche Zeit wie die Pasewalker Bürger errichteten auch die
Anklamer einen Wachtturm, den »Hohen Stein«, doch steht er einige
Kilometer von der Stadt entfernt an der Pasewalker Landstraße. Er hatte
einst den Zugang zur Stadt von Süden her zu bewachen, da Anklam in
dauernder Fehde mit Raubrittern lag, die sich bei Nacht zum Überfall
sammelten oder auch am hellichten Tage in die Feldmark einfielen, um
das Vieh von der Weide zu rauben.

Sobald der Wächter auf dem Hohen Stein ihrer ansichtig wurde oder Waffengeklirr vernahm, zündete er auf der abgestumpften Turmpyramide ein Kienfeuer an und schmetterte ein Trompetensignal. Schon bald füllten sich die Zinnen des Turms mit bewaffneten Stadtknechten, die den überraschten Feinden mit wohlgezielten Schüssen und Würfen zusetzten, bis sie die Flucht ergriffen.

Aber wie konnten die Stadtknechte so schnell zum Hohen Stein gelangen? Das war den Angreifern ein Rätsel. Bald erzählte man von einem Gang, der vom Rathaus auf dem Markt unter der Stadt und den Feldern hindurch bis in den Turm führen sollte. Auch viel später noch war in Anklam von diesem langen Gang die Rede. Ängstliche Leute vermieden es, quer über den Markt zu gehen, aus Furcht, das Pflaster könnte einbrechen.

Der Fangelturm der Müggenburg, zwischen Anklam und Friedland, soll früher ebenfalls mit dem Hohen Stein durch einen solchen Gang verbunden gewesen sein. In diesem Gang hauste ein Männchen, Jochem Abt genannt. Jede Nacht Schlag zwölf Uhr fuhr es mit einem kleinen Wagen, der von sechs weißen Mäusen gezogen wurde, vom Müggenburger Fangelturm ab und brachte Schätze von dort durch den Gang zum Hohen Stein. Davon erfuhr einst ein Bauer, der gerade auf dem darüber gelegenen Landstrich seinen Pflug führte. Mit einem Male öffnete sich vor seinen Augen das Erdreich, und das Männlein stieg aus der Spalte. »Höre, Bauer«, begann Jochem Abt mit dünner Stimme, »du kannst mir einen Dienst erweisen. Man hat mir den Gang verschüttet. Ich weiß nicht, wie ich mit dem Wagen zum Steinturm gelangen soll. Die weißen Mäuse kann ich nicht übers Feld fahren lassen, darum musst du mir helfen.«

Der Bauer erklärte sich dazu bereit, und der Kleine fuhr fort: »Spanne deine beiden jungen Ochsen aus und kaufe ein Paar ältere, starke Tiere, die ihren Weg mit dem Pflug schnurgerade nehmen. Geh mit ihnen zum Fangelturm, setze dort deine Pflugschar in den Ackerboden und ziehe eine Furche bis zum Hohen Stein. Dann kehre um und pflüge daneben noch eine Furche bis zum Fangelturm zurück. Du musst damit aber noch heute bis zwölf Uhr fertig sein. Gelingt es dir, dann bekommst du von mir das Zehnfache des Geldes, das du für die Ochsen ausgegeben hast.«

Für den Bauern gab es kein Zögern. Bald hatte er ein Paar kräftige Ochsen erstanden, spannte sie ein und begann, am Fangelturm zu pflügen. Der Acker lag bis zum Hohen Stein brach und war nur mit Klee bewachsen. Die Tiere kamen gut voran. Zwischen den genau nebeneinander liegenden Furchen war schließlich das Erdreich so aufgeworfen, dass es wie ein Dach über einem fortlaufenden Gang stand.

Als der Bauer wieder am Fangelturm anlangte, stand Jochem Abt mit seinem winzigen Gefährt schon bereit. Er überreichte dem Bauern mit herzlichen Dankesworten ein Kästchen, das mit Goldstücken gefüllt war. »Höre, Bauer«, sprach er. »Wenn du über all das, was du heute gesehen und getan hast, schweigen kannst, komm in zehn Jahren um dieselbe Stunde, zu der wir uns auf dem Feld trafen, hierher und pflüge die beiden Furchen noch einmal. Ich glaube, sie werden dann schon zerfallen sein. Reichlicher Lohn soll dir auch dann wieder zuteil werden.«

In der Ferne begann eine Glocke Mitternacht zu schlagen. Das Männlein trieb seinen Wagen an, sauste in den Gang hinab und fuhr unter dem schützenden Erddach auf den Hohen Stein zu.

Der Bauer kehrte guten Mutes heim und war fürs erste seiner Sorgen ledig. Er hütete sich, über sein Erlebnis ein Sterbenswörtlein zu verlieren, und da ihm zehn Jahre später die Furchen ebenso glückten, übergab ihm das Männlein noch einmal den gleichen guten Lohn.

Seit dieser Zeit ging das Gerücht um, unter dem alten Wachtturm sei ein Schatz vergraben. Auch als alle Versuche, ihn zu heben, misslungen waren, wollte es nicht verstummen.

Einmal fuhren ein Mann und eine Frau am Hohen Stein vorbei. Sie sahen dort zwei Hunde sitzen, einen schwarzen und einen braunen. Der Mann hielt an und sagte: »Nehmen wir den schwarzen mit?« Die Frau nickte. Da steckte er das Tier in einen Sack, und sie fuhren weiter. Als sie zu Hause den Sack öffneten, blinkte ihnen etwas Helles entgegen – ein Haufen Gold. Da war die Freude groß. Schnell fuhr der Mann zurück, um auch den braunen Hund zu holen, aber der war nicht mehr zu finden.

Ein andermal war ein Mann noch spät abends auf dem Weg von dem Dorf Kosenow zurück nach Anklam. Als er am Hohen Stein ankam, trat er näher an den Turm, um seine Pfeife anzuzünden. Da sah er zwei Säcke am alten Gemäuer stehen. Er untersuchte sie und fand grüne Erbsen darin. »Das ist ja merkwürdig«, dachte er, denn es war in der Weihnachtszeit. Eine Handvoll nahm er mit, vielleicht hatten seine Kinder Freude daran.

»Seht mal, was ich mitgebracht habe!«, rief er ihnen zu, als er in die Stube trat. Neugierig langten die Kinder in seine Rocktasche – und holten eine Handvoll Dukaten heraus. Welch ein Jubel!

Auf der Stelle ging der Mann zum Hohen Stein zurück, um mehr von den guten Erbsen zu holen, doch soviel er auch suchte, es standen keine Säcke mehr da.

Der Schatz von Spantekow

Als die südwestlich von Anklam gelegene Burg Spantekow im Dreißigjährigen Krieg von Truppen des kaiserlichen Feldherrn Wallenstein belagert wurde, nahm der Burgherr, der alte Graf Schwerin, seine größten Kostbarkeiten zusammen und flüchtete damit in Richtung Wegezin. Die kaiserlichen Soldaten bemerkten es nicht. Sie lagerten auf der anderen Seite, auf dem Gelände, das nach ihnen noch heute »Kaiserkoppel« genannt wird.

Nicht weit vom Dorf hielt der Graf jedoch an und vergrub die Wertsachen unter einem großen Stein am Weg. So mancher hätte diesen Reichtum schon gehoben, wenn der nicht ständig von einem riesigen, schwarzen Hund bewacht worden wäre. Bei Tag und Nacht lag das Tier über dem

Schatz. Nur in der Mittagsstunde stieg es an die Oberwelt und legte sich auf den großen Stein. Einem Müllerburschen, der einmal um diese Zeit dort vorbeifuhr, standen auf einmal die Pferde still und waren nicht vom Fleck zu bringen. Als er sie mit heftigen Peitschenhieben antrieb, gab es einen starken Ruck. Der Wagen verlor alle vier Räder. Mit gewaltigem Schwung landeten die Pferde mit dem Wagengestell und dem Müllergesellen jenseits des Steins, während die Räder zurückblieben.

Seitdem war die Stelle verrufen, und es hat auch niemand wieder versucht, den vergrabenen Schatz zu finden.

Bergschlangen und Lindwürmer an der Peene

*I*m Bauerberg an der Peene, zwischen Wolgast und Lassan, soll in alter Zeit eine riesige Schlange gehaust haben, zum Schrecken der ganzen Gegend, denn ihr Erscheinen hatte Unheil im Gefolge, sei es, dass plötzlich jemand starb, sei es, dass über Nacht eine Sturmflut ins Land drang oder die Ernte durch Dürre oder Hagelschlag vernichtet wurde. Immer brachte die Bergschlange den Menschen dort Not und Elend.

Man glaubte auch, dass es den, der sie erblickt hatte, am schlimmsten traf. So erging es einer Frau, die sie zum letzten Mal gesehen haben soll. Am folgenden Tag entstand in dem Dorf Bauer eine entsetzliche Feuersbrunst, der zweiunddreißig Häuser zum Opfer fielen, und die Frau fand auf qualvolle Weise den Tod in den Flammen.

Zwei andere Ungeheuer, gewaltige Lindwürmer, hielten damals die Anwohner der Peene in Angst und Furcht. Sie waren so groß wie starke Bullen, trugen aber einen festen Schuppenpanzer. Der eine hatte im Wald bei Lassan seinen Unterschlupf, der andere in der Peenemünder Heide.

Zuweilen begegneten sie sich auf ihren Raubzügen. Dann gingen sie wütend aufeinander los. Flammengarben schossen aus den Rachen, und

unter den heftigen Schlägen der Schwänze bebte die Erde. Alles rings-
umher wurde verwüstet.

Eines Tages beschlossen die Lassaner, dem fürchterlichen Untier in
ihrer Nachbarschaft zu Leibe zu gehen. Die mutigsten Männer rückten
aus und zündeten in den Bergen bei Wehrland, wo es gerade schlief, auf
allen Seiten das Schilf an.

Das sterbende Ungeheuer machte einen solchen Höllenlärm, dass
es der andere Lindwurm bei Peenemünde vernahm und unter lautem
Geheul die Flucht ergriff. Er warf sich in die See, bald hörte man sein
Klagegeschrei aus der Ferne, und schließlich verstummte es.

Manche Leute nahmen an, das riesige Tier sei bis nach Schweden
geschwommen, andere jedoch meinten, es sei weit draußen im tiefen
Wasser der Ostsee ertrunken.

Die Ruinen von Eldena

*U*nter den malerischen Ruinen des Klosters Eldena bei Greifswald
sollen die schönsten Stücke des kostbaren Altarschmucks aus der Glanz-
zeit der Zisterziensermönche verborgen sein. Bevor die Mönche außer
Landes gingen, hätten sie, so hieß es, die wertvollen Gerätschaften in
einen Sarg gelegt, den sie in einen unterirdischen Gang getragen und
wie zum Begräbnis in die Erde gesenkt hätten. Die Stätte selbst und den
ganzen Gang hätten sie dann mit Erdreich ausgefüllt, damit niemand
den Zugang fände.

Vor etwa zweihundert Jahren erschienen einmal zwei Kapuziner-
mönche, die eigens vom Papst aus Rom gekommen waren, und fragten
den Landvogt nach einer versteckten Tür, um sich Einlass in die unterirdischen Gänge zu verschaffen. Der Amtmann wusste keinen Rat, doch
da sie ihm die Stelle genau beschrieben, hatte er nichts einzuwenden und
gab ihnen noch einen Reitknecht mit. Bald kam unter dem Schutt, den
der Knecht beiseite räumte, wirklich eine Tür zum Vorschein. Kaum

hatten die Mönche sie angerührt, tat sie sich von selber auf. Gemeinsam mit dem Knecht tasteten sie sich eine Treppe hinunter und durch einen dunklen Gang, bis sie in das erste Zimmer traten. Es war gänzlich leer, ebenso das zweite. Dann erreichten sie einen großen Saal mit vielen Leuten darin, die alle eifrig schrieben. Hier wurden sie freundlich aufgenommen. Bald waren lebhafte Unterhaltungen und Verhandlungen mit den Gästen im Gange, doch verstand der Knecht kein Wort davon.

Drei Stunden mochten so vergangen sein, als die Gäste aufbrachen und sich, wieder nach oben gelangt, vom Reitknecht mit höflichen Dankesworten für seine Dienste verabschiedeten.

Der Knecht meldete sich daraufhin beim Landvogt zurück, aber der starrte ihn entgeistert an. Längst war ein anderer Knecht für ihn eingestellt worden, denn er war nicht drei Stunden, sondern drei volle Jahre fort gewesen. Keiner wusste sich das zu erklären. Auch der Zugang zu den unterirdischen Gemächern konnte seitdem nicht wieder aufgefunden werden.

Der Vogel Greif

Wo heute die Stadt Greifswald steht, war früher nichts als dichter, unzugänglicher Wald. Nur an der Mündung des Ryckflusses in die Ostsee, nahe dem Kloster Eldena, lag eine kleine Siedlung.

Eines Tages beschlossen die Mönche die Gründung einer Stadt. Nicht zu weit vom Kloster sollte sie gebaut werden, wohl aber ein Stück landein, an einem besser geschützten Ort. Als sie eine Weile flussaufwärts gegangen waren, fanden sie einen Platz, der ihnen dafür wie geschaffen schien. Um ihn zu kennzeichnen, steckten sie ihn im Geviert mit Stangen ab, die sie im Wald schlugen. Dabei stießen sie auf einen seltsamen Riesenvogel, der ruhig in seinem Nest auf einem abgebrochenen Baumstamm saß und brütete. Es war ein Greif, vierfüßig und

doppeltgeschwänzt, mit zwei schweren Flügeln, einem scharfen Raub-
vogelschnabel und einem Leib wie ein Löwe.

Das große Tier werde ihnen, so glaubten die Klosterleute, ein gutes
Gelingen ihres Unternehmens verheißen. So wurde die Stadt an diesem
Ort errichtet und Greifswald genannt. Gerade dort, wo sie das Greifen-
nest gefunden hatten, legten sie die erste Straßenzeile, den Schuhhagen,
an. Der große Vogel war inzwischen vor dem lauten, geschäftigen Treiben tiefer in den Wald geflogen.

Als die neuen Häuser standen, gab es manchen Schrecken bei den
Bewohnern, weil der Greif wiederkam. Er packte mit seinen Krallen ein
Kind der Leute, schleppte es in den Wald und fraß es auf. Bald holte er
sich als Futter für seine Jungen ein zweites Opfer.

Das war denn doch zu arg. Die Bürger fällten den Nestbaum des
Greifen, erschlugen die Brut und verscheuchten den gierigen Räuber.

Er soll es dann im Thurbruch auf der Insel Usedom, wo sich noch
dichter Wald ausbreitete, nicht besser getrieben haben, und die Menschen in den umliegenden Dörfern wurden von heilloser Angst ergriffen.

Das nahm erst ein Ende, als ein Kuhhirte dort den Wald anzündete,
der auch restlos niederbrannte. Seitdem wurde der Vogel Greif nie wieder gesehen.

Der breite Stein

*F*leischerstraße, Wollweberstraße, Rotgerberstraße, Weißgerber-
straße, und wie die alten Namen in Greifswald alle lauten, sie erzählen uns heute noch, wer dort vor langer Zeit gelebt und gearbeitet hat.
Einst wohnten in der Lappstraße die Schuhflicker, die mit Lederlappen
alte Schuhe wieder zusammenflickten. Wollte einer aber ein Paar neue
Schuhe kaufen, so fand er im Schuhhagen, wo geschickte Schuhmacher
am Werke waren, das Rechte. Bei einem von ihnen ging eines Tages die

Tür, und herein trat ein junger Mann. Er fragte den Meister, ob er einen tüchtigen Gesellen brauchen könne.

Da sei er willkommen, sagte der Meister erfreut und schob ihm einen ganzen Berg zugeschnittenes Leder hin.

Bald war der neue Geselle beim Stechen und Nähen, Hämmern und Kleben, dass es nur so eine Art hatte. Wirklich, er hatte nicht zuviel von sich gesagt. Der Meister war froh. Dieser Geselle würde es zu etwas bringen!

Die Zeit verging. Tagaus, tagein gab es alle Hände voll zu tun. Der Geselle war unermüdlich bei der Sache. Der Meister, als er ihn so sah, kam auf allerlei Gedanken. Er war nun in den Jahren, da es zu überlegen galt, in wessen Hand die Werkstatt einmal gelangen sollte.

Der flinke Bursche wäre ihm schon recht gewesen, ob aber auch seiner Tochter, der Anne? Die hatte ja immer nur Augen für den Peter, einen Seemann, und war untröstlich, blieb sein Schiff mal ein paar Tage länger draußen. Ach was, schließlich war sie seine Tochter, seine einzige, und da wusste er besser, bei wem sie gut aufgehoben wäre.

Schade nur, dass keiner wusste, woher der Neue eigentlich gekommen war. Ließ er sich sonst auch ganz gern in ein Gespräch ein – sobald jemand auf seine Herkunft zu sprechen kam, beugte er sich schnell wieder über seine Arbeit. Doch sein Handwerk verstand er wie kaum ein zweiter, das musste man ihm lassen.

So gingen dem Meister die Gedanken im Kopf herum, bis er sie beide fragte, erst den Gesellen, dann seine Tochter. Klaus, der Geselle, war gleich dabei. Die Werkstatt übernehmen? Nichts lieber als das! Anne gefiel ihm schon lange, sie war blitzsauber, und wer sie bekam, konnte sich glücklich schätzen.

Doch Anne machte dem Vater einen dicken Strich durch die Rechnung. Nie und nimmer nehme sie den Fremden, von dem niemand wisse, woher er kam und was er bisher getan hatte, und sie denke nicht daran, von ihrem Peter zu lassen, ja, er könne es nun ruhig wissen, sie habe sich ihm bereits versprochen.

Zornig polterte der Meister dazwischen. Wenn sie nicht binnen vier Wochen dem Schuhmachergesellen ihr Jawort gebe, solle sie sich mit ihrem Seemann, diesem Habenichts, davonscheren, seine Tochter sei sie dann nimmermehr.

Das arme Ding ging in die Kammer und weinte. Dann raffte sich Anne auf und lief geradewegs nach Wieck, wo ihr Liebster wohnte. Doch sie hörte, er sei auf großer Fahrt und komme vor einem Vierteljahr nicht zurück. Das war hart. Ihr liefen die hellen Tränen übers Gesicht, als sie todtraurig am Strand saß. Was sollte sie bloß tun?

Erschrocken hielt sie inne, denn vor ihr war ein großer Fisch aufgetaucht, der fing sogar an zu reden: »Hör auf zu weinen, Mädchen, ich will dir einen Rat geben. Geh nach Hause und sag deinem Vater, du wolltest ihm gehorchen. Sag ihm weiter, der Geselle habe nur eine einzige Bedingung zu erfüllen: Er soll sich vor der Hochzeit für eine Stunde auf den breiten Stein auf dem Marktplatz stellen. Dann wird für dich noch alles zu einem guten Ende kommen, verlass dich drauf!« Damit verschwand er wieder im Wasser.

Anne schrak hoch. Hatte sie geträumt? Nein, ganz deutlich sah sie den Fisch noch vor sich und hörte seinen Rat. Da ihr nichts anderes übrig blieb, beschloss sie, ihn zu befolgen.

Der Meister brummte nur, als Anne vor ihn hintrat und von ihrem Entschluss berichtete. Das hätte sie gleich sagen sollen, wozu erst die Aufregung! Seinetwegen sollte Klaus ruhig eine Stunde auf dem breiten Stein stehen, was war denn schon dabei.

Nun, es war etwas dabei. Nicht nur, dass viele Leute den Gesellen umstanden und ihn mit anzüglichen Fragen und spöttischem Gelächter neckten, kurz vor Ablauf der Stunde gab es eine Überraschung. Eine Frau, die niemand kannte, bahnte sich einen Weg durch die Neugierigen, an der Hand zog sie einen kleinen Jungen mit sich. Wütend schrie sie dann auf den Gesellen ein: Eine himmelschreiende Schande sei das, was er getan habe. Er, ihr angetrauter Mann, sei bei Nacht und Nebel weggegangen und habe sie mit dem Kind sitzenlassen!

Schon wurden Flüche und Verwünschungen laut, da zerrte die Frau den Gesellen, der den Kopf gesenkt hielt und kein Wort sprach, vom Stein herunter, schob ihn durch die erregte Menge über den Markt, und sie gingen miteinander fort.

Dem Meister fuhr der Schreck in alle Glieder. So ein Lump, dieser Klaus! Täuschen wollte er ihn und die Tochter ins Unglück stürzen! Da sollte sie schon lieber ihren Seemann heiraten.

Die Stadtväter zogen eine Lehre aus dem Vorfall. Künftig musste sich jeder Bräutigam unmittelbar vor der Hochzeit auf den breiten Stein stellen und dort eine Stunde lang ausharren. Einer der letzten, die da gestanden haben, bevor diese Sitte im Jahre 1551 wieder abgeschafft wurde, war der spätere Bürgermeister von Stralsund, Bartholomäus Sastrow.

In Greifswald lag der mächtige vierkantige Stein an der Nordseite des Marktplatzes vor dem Haus Schuhhagen, Ecke Knopfstraße. In Stralsund gab es auf dem Alten Markt ebenfalls einen »breiten Stein«, auf den sich Verlobte in Festkleidern stellten, um unter Trompetenschall und Paukenschlag ihre Namen ausrufen und jedermann zum Einspruch auffordern zu lassen. Doch schon zu der Zeit, da der Dichter Ernst Moritz Arndt das aus Stralsund berichtete, also gegen Ende des 18. Jahrhunderts, war es nicht mehr üblich, und nur ein Kinderreim beim Pfänderspiel erinnerte noch daran:

»Ich steh, ich steh auf einem breiten Stein,
und wer mich liebhat, holt mich ein.«

Im Rosental

*E*inst stand im Rosental das Salzwerk der Stadt Greifswald. Der Handel blühte. Viele Arbeiter wurden an den Pfannen gebraucht, wo die Sole zum Sieden kam und Braunsalz, Bittersalz, Nachsalz und das begehrte Buttersalz gewonnen wurden.

Auch aus dem fernen Hessenland war ein junger Mann gekommen. Er hatte hier Arbeit als Salzknecht angenommen und eine Witwe geheiratet, um nach dem schweren Tagewerk ein gutes Unterkommen zu haben. Bald sah er ein, dass er nicht die richtige Wahl getroffen hatte.

Oft war seine Frau auf Zank und Streit aus, dazu war sie eifersüchtig, und obendrein verstand sie sich auf schlimme Zauberei. Auch an der Arbeit in der Hitze der Saline lag ihm nicht mehr viel. So trug er sich mit dem Gedanken, nach Hessen zurückzugehen. Seiner Frau sagte er nur, dass er in der Heimat seine Eltern und Freunde wiedersehen wollte.

Die Frau ahnte gleich, wonach ihm der Sinn stand. Um keinen Preis wollte sie ihren tüchtigen, jungen Mann verlieren. Deshalb murmelte sie, als er auf seiner Wanderung noch nicht weit gekommen war, einen Zauberspruch.

Zur gleichen Zeit erblickte der Salzknecht einen Rappen, der im Galopp heranbrauste, direkt vor ihm anhielt und ihn nicht vorbeiließ. Das Tier stieß ein unwilliges Schnauben aus, als sich der Knecht aus dem Staub machen wollte, lief ihm flink zwischen die Beine und erhob sich im nächsten Augenblick mit ihm auf dem Rücken in die Luft.

In sausender Fahrt erreichten sie das Rosental. Das wilde Ross ging nieder, ein heftiger Ruck zur Seite, und gerade vor seinem Salzkaten rollte der Knecht auf den Boden. Schon trat seine Frau über die Schwelle und sprach lächelnd: »Da bist du ja wieder, mein lieber Mann!«

Alles hatte sich in Windeseile abgespielt. Der Knecht wusste kaum, wo ihm der Kopf stand. Aber dann fand er sich, so gut er es vermochte, mit seinem Schicksal ab und blieb. Nun war auch seine Frau wohl eines Besseren belehrt. Er bekam nur noch gute und freundliche Worte von ihr zu hören, so dass er nie wieder an ein Fortgehen dachte.

Die alte Burg Kortshagen

*I*n mittelalterlicher Zeit stand unweit des Strelasundes, in Engelswacht, das damals noch Kortshagen hieß, eine alte Burg. Sie war von einem rauhen, selbstherrlichen Rittergeschlecht bewohnt. Bei Überfällen verbargen sich die Insassen in einem unterirdischen Gang, der erst in einem Garten in Schönhof bei Brandshagen ins Freie führte.

Auf der Burg Kortshagen lebte einmal ein Ritter, der seine Untertanen dermaßen quälte und peinigte, dass er überall in der Gegend verhasst war. Eines Nachts überwältigte eine Schar vermummter Gestalten die Wachen und drang in die Burg ein, um sich an dem Unterdrücker zu rächen. Der Ritter flüchtete auf den obersten Boden und suchte, sich dort zu verbergen. Aber die Verfolger waren ihm auf den Fersen und hieben auf ihn ein. Am Giebelfenster kam es zu einem Handgemenge. Wie ein Rasender wehrte sich der Ritter und stach dabei drei Männer nieder. Dann sank er tot zu Boden.

Noch Jahrzehnte später sah man Blutflecke auf dem Fußboden und an den Wänden. Sie stammten von dem nächtlichen Kampf und hafteten dort trotz aller Versuche, sie abzukratzen oder zu übertünchen. Erst beim völligen Umbau des Hauses verschwanden sie.

Ganz in der Nähe führt ein Weg von Engelswacht nach Ahrendsee über die Schlucht von Müllersbaches. Kortsmühl heißt der Übergang zur Erinnerung an die früher dort gelegene Wassermühle. Mit dem letzten Müller wird ein Stein in Verbindung gebracht, der dicht am Brückengeländer steht und den Abdruck einer Hand erkennen lässt.

Damals staute ein Wehr vor der Brücke einen Teich an. Als der Müller einmal mit seinem Knecht Streit hatte, redete er sich so in Zorn, dass er dem Knecht den Dienst kündigte und ihm befahl, sofort das Haus zu verlassen. Das tat der Knecht, doch nahm er furchtbare Rache.

Sobald die Nacht hereingebrochen war, öffnete er das Wehr. In tosendem Schwall stürzte das Wasser durch die Schlucht und riss die Mühle mit sich fort. Mit knapper Not konnten der Müller und seine Frau ihr Leben retten. Suchend blickten sie nach ihrem Kind umher.

Der Mond ließ sein fahles Licht auf die wüste Stätte fallen. Plötzlich sah der Müller im Wasser zwischen Trümmern die Wiege mit seinem kleinen Kind treiben. Er sprang hinterher, griff aber fehl. Heftig schlug seine Hand auf einen Stein, eben jenen, der später am Brückengeländer aufgestellt wurde und der davon zeugt, welche Kraft die Verzweiflung dem Müller verliehen hatte. Dennoch konnte er sein Kind nicht retten.

Die arme reiche Frau

*D*em regen Handel an der Ostseeküste verdankte die Stadt Stralsund schon bald nach ihrer Gründung im Jahre 1234 einen raschen Aufstieg und später eine führende Stellung im Städtebund der Hanse. Unter ihren Kaufmannsgeschlechtern waren es vor allem die Wulflams, die die Gunst der Zeit zu nutzen verstanden und sich beträchtlichen Reichtum verschafften. Stolz trugen sie ihr Gepränge, das kaum anders als fürstlich zu nennen war, zur Schau. Was kümmerte es sie, dass in engen Seitengassen, in den halbzerfallenen »Buden«, die Ärmsten der Armen hausten, dass diese Menschen nur das Nötigste hatten, zum Leben zu wenig und zum Sterben zu viel, und sich beim sonntäglichen Kirchgang vor Sankt Nikolai und Sankt Marien scharenweise einfanden, um ein paar armselige Silberpfennige zu erbetteln.

Schließlich rissen die Wulflams im Rat der Stadt die Macht an sich. Jahrzehntelang trug Bertram Wulflam die schwere goldene Kette des ersten Bürgermeisters und nach ihm sein Sohn Wulf. Ihr Reichtum stieg ins Sagenhafte, und unvergessen ist am Strelasund bis heute der verschwenderische Prunk, mit dem am 30. Mai 1391 Wulf Wulflams Hochzeit gefeiert wurde.

Eine Stunde früher als sonst hatten an diesem Tag Bauern, Fischhändler und Wurstmacher auf dem Alten Markt ihre Stände räumen müssen. Bald standen die Bürger dort Kopf an Kopf. In der Stadt war seit Wochen von nichts anderem die Rede als von Herrn Wulfs Hochzeit mit der hübschen Jungfer Margarete, des reichen Münzherrn Holthusen Tochter. Jeden Tag hatte man aus den Werkstätten der Schneider, Schuhmacher, Goldschmiede und aus den Läden der Fleischer, Gewürzmacher, Zuckerbäcker Neues vernommen, von fieberhafter Arbeit und unerhörtem Aufwand. Nun richteten sich alle Blicke erwartungsvoll auf das dunkelrote, hochgiebelige Haus der Wulflams. Zwölf schwere Glockenschläge verkündeten vom Nikolaiturm die Mittagsstunde. Noch hallte ihr Klang über den Marktplatz, als die eisenbeschlagene Pforte aufsprang. Zehn Spielleute traten heraus und hinter ihnen zwei

Knechte mit einem dicken Ballen Stoff, den sie aufzurollen begannen, indem sie hurtig vorwärts schritten. »Heda, macht Platz!«, riefen sie. »Wollt ihr wohl zurück!«

Murrend gab die Menge ein wenig Raum. Da verschlug es allen die Sprache. War es wirklich bestes englisches Tuch, das in breiter Bahn quer über den Markt bis zum Kirchenportal gelegt wurde? Und das bloß, damit Jungfer Margarete ihre roten Saffianschuhe nicht beschmutzte?

Fäuste ballten sich, Rufe wurden laut. »Eine Schande, das beste Tuch im Straßenkot! Leute, denkt an unsere Armen, was für Gewänder hätte das geben können!«

Die Spielleute stimmten ihre Weise an, die Rufer verstummten. Feierlich bewegte sich der Hochzeitszug über den Platz, voran zwölf Brautjungfern in kunstvoll gestickten Kleidern. Wohl erregte Wulf Wulflam, hocherhobenen Hauptes herrisch über die Menge hinwegblickend, in seinem blendendweißen Samtgewand Aufsehen, ebenso der alte Bürgermeister, der hinter ihm in seinem weiten Rock aus schwarzem Marderfell ging, und auch die lange Reihe wohlhabender Kaufleute, Ritter und Junker mit ihren Frauen, alle in Samt und Seide. Doch diese Pracht verblasste vor der nie gesehenen Schönheit der Braut. Darum hingen alle Augen nur an ihr. Sie trug Kleid aus feinster blauer Seide mit einem Überwurf Goldstoff, dem von den Schultern herab breite Zobelstreifen aufgesetzt waren, und die Säume waren mit schimmernden Perlen bestickt. Dazu funkelte und blitzte der mit Edelsteinen besetzte Gürtel in vielen Farben, und die silbernen Glöckchen, die auch daran waren, hatten einen zarten Klang.

Mancher glaubte wohl, eine Feenkönigin schreite an Wulf Wulflams Seite dem Kirchenportal zu. Wer indessen einen ihrer hochmütigen, Bewunderung heischenden Blicke auffing, die sie nach allen Seiten aussandte, der fand trotz des märchenhaften Glanzes schnell in die Wirklichkeit zurück.

Abends begann ein Feiern, wie es die Stadt noch nicht erlebt hatte. Sieben Tage und Nächte hindurch drang aus dem Haus der Wulflams lärmender Jubel über den alten Markt, wechselten Festschmaus und Trinkgelage miteinander ab, kamen die Spielleute kaum zur Ruhe,

fanden sich Gaukler und Fahrende ein und ergötzten die Hochzeits-
gäste mit Liedern, Tänzen und Possenspiel.

Aber auch als das Fest verrauscht war, ließen die Wulflams nicht vom
Luxus ab. Ja, sie verloren über der Lust am Schwelgen jedes Maß. Langsam, aber stetig ging im Laufe der Jahre ihr Vermögen zur Neige.

Dennoch kannte ihr Hochmut keine Grenzen. Einmal, es war mitten im Winter und bitter kalt, sprach ein alter Bettler im Haus vor,
er bat um ein wenig warmes Essen. Gerade wurde das Mittagsmahl in
silbernen Schüsseln aufgetragen. Mit höhnischem Lachen stieß ihn die
junge Frau zurück. »Da, in der Ecke bei meinem Hündlein kannst du
tafeln. Sieh zu, was von den Knochen in seinem silbernen Napf für dich
abfällt.«

Grimmig blickte der Greis sie an und sprach: »Weh Euch, Frau! Bald
werdet Ihr selber betteln gehen, mit dieser Hundeschale, von Tür zu
Tür, und Ihr werdet sehen, man wird Euch ebenso zurückstoßen, wie Ihr
es mit mir getan habt!« Sie lachte nur und ließ ihn vor die Tür setzen.

Tatsächlich war in kurzer Zeit der ganze Reichtum durchgebracht:
Güter, Mühlen, Höfe, Häuser. Alles, was die Wulflams ihr eigen genannt
hatten, war nach und nach veräußert worden, und auch die Schulden
blieben nicht aus. Der alte Bürgermeister Bertram Wulflam erlebte
davon nichts mehr. Auch seinen Sohn Wulf ereilte das Schicksal, als er
in hitzigem Streit mit einem Herrn von Zuhme auf dem Kirchhof zu
Bergen auf Rügen erstochen zu Boden sank.

Nun gab es für die Gläubiger kein Halten mehr. Der einst so hoch-
fahrenden Frau Margarete wurde alles genommen, bis auf eine silberne
Schale, die sie verborgen hielt. Es war jene, aus der sie den Bettler zu
speisen geheißen hatte.

Sie lebte noch einige Jahre, zusammen mit Armen und Alten, in einer
der kümmerlichsten Behausungen. Sonntags saß sie, dürftig in Lumpen
gehüllt, mit der Silberschale an der Kirchentür. Mancher schüttelte verwundert den Kopf, wenn er sie unablässig murmeln hörte: »Bedenket
die arme reiche Frau, um Gottes willen, gebet der armen reichen Frau!«

Wie die Stralsunder zu ihrem Rathaus kamen

Im Jahre 1316 rief Wizlaw, der Fürst von Rügen, eine große Zahl von Bundesgenossen an die Küsten seines Landes. Die Stadt Stralsund galt es zu besetzen. Er war ihr oberster Gebieter, doch ihre Bürger, durch Tüchtigkeit und lebhaften Handel zu Geld gekommen, waren seiner Weisungen überdrüssig geworden. In der Stadt sollte kein anderer Wille mehr gelten als der ihre. Nun, er wollte ihnen den Bürgerstolz schon austreiben. Er allein war Herr beiderseits des Strelasundes.

So kam es zur Belagerung der Stadt. Der König von Dänemark, die Herzöge von Schleswig, Braunschweig, Mecklenburg und Niedersachsen, die Grafen von Ruppin, Holstein und Schwerin hatten dem rügenschen Fürsten ihre Hilfe zugesagt und waren mit ihren Heeren im Anmarsch auf die Stadt, die deshalb täglich damit rechnen musste, von einer erdrückenden Übermacht angegriffen und überrannt zu werden. Aber noch war es nicht soweit, vor der Stadt war erst einer von Wizlaws Verbündeten mit seinen Truppen eingetroffen: Herzog Erich von Niedersachsen.

Kaum hatten die Stralsunder erfahren, dass er im Hainholz sein Lager aufgeschlagen hatte, als sie sich auch schon entschlossen, selber den ersten Schlag zu führen. Denn je mehr Feinde sich vor ihren Toren versammelten, desto größer war die Gefahr für sie.

So schickten sie am hellichten Tag zwei Fuhren mit Wein zum Kniepertor hinaus. Mit Hallo fielen die Belagerer darüber her und spülten den Staub des langen Marsches gründlich hinunter. Am Abend lag das ganze Lager in festem Schlaf.

In der Nacht rückte eine Schar beherzter Bürger aus, an der Spitze die Hutmacher mit Pferden, deren Hufe sorgfältig mit Filz umwickelt waren. Ohne das leiseste Geräusch erreichten sie im Morgengrauen des 21. Juni das Lager. Die Überrumpelung gelang. Ehe die Feinde aus ihrem Rausch erwachten, waren viele von ihnen in Fesseln gelegt, und dann wurden sie in die Stadt gebracht, darunter der Heerführer.

Stralsund

Herzog Erich, ein feister Herr, lief puterrot an vor Wut. Ungeduldig
zerrte er an seiner schweren Goldkette, von der er sich nie trennte und
die so lang war, dass er sie dreimal um seinen Leib schlingen konnte. Nun
hatten die Stralsunder ihn mit seiner Kette gebunden, welche Schmach!
Auch durchs Kniepertor führten sie ihn gekettet, und auf dem Weg
durch die Stadt sparten sie nicht mit bitterem Hohn und Spott.

Der glänzende Sieg stärkte den Kampfesmut der Bürger. Als die Belagerung zu Wasser und zu Lande mit voller Kraft einsetzte und sich
der Ring um die Stadt enger zog, hielten sie tapfer stand. Mehr noch,
mit überraschenden Einfällen zeigten sie, dass sie nicht daran dachten,
klein beizugeben. Wohlgeschützt lag die Stadt hinter Teichen, Mauern
und Türmen, so dass die Gegner mit ihrem zahlenmäßig weit überlegenen Heer nichts ausrichten konnten und schließlich die Belagerung
abbrachen.

Drei volle Jahre blieb Herzog Erich als Gefangener in Stralsund. Erst
als die von den Bürgern geforderte Summe von sechzehntausend Mark
feinen Silbers als Lösegeld überbracht war, kam er frei. Von dem Geld
errichteten die Stralsunder ihr Rathaus, das an seiner Nordseite mit
einem berühmten Prunkgiebel versehen ist.

Diese Schauwand stellt eine Scheinfassade dar, durch deren Fenster
und Rosetten man den Himmel sieht und die mit ihren Pfeilern, Giebeln und zierlichen Türmchen frei in die Höhe strebt. Damit kommt sie

der Front des Rathauses in Lübeck, der damals größten Hafenstadt an der Ostsee, an Schönheit und Ausgewogenheit der Formen gleich und übertrifft sie wohl noch. Deshalb sagten die Lübecker:

»Dat Strolsunner Rothus is as sine Kinner –
hoch hinaus un nix dorhinner!«
(Das Stralsunder Rathaus ist wie seine Kinder –
hoch hinaus und nichts dahinter!)

Nun war von den Rivalen Stralsunds in dem langen, zähen Ringen um die Vormachtstellung an der Ostseeküste kaum eine andere Meinung über das meisterhafte Bauwerk zu erwarten. Vielleicht aber sollten selbst diese Worte nur eine heimliche Anerkennung verbergen.

Wallenstein vor den Toren

Dreihundert Jahre später, 1628, brandeten die Wogen des Dreißigjährigen Krieges an Stralsunds Tore. Wieder lagen feindliche Truppen im Hainholz, diesmal in noch größerer Zahl. Vergeblich rannten sie gegen die Stadt an, umsonst waren stundenlange Bombardements mit Feuerbällen und Stückkugeln.

Da traf Wallenstein, der kaiserliche Generalissimus, vor der Stadt ein. Seit Wochen hatte er ungeduldig auf die Nachricht von Stralsunds Kapitulation gewartet und, als seine Rechnung nicht aufging, erbittert ausgestoßen: »Wenn sich die Stadt nicht unterwerfen will, dann wird von ihr nichts übrigbleiben, und sollte es mich hunderttausend Mann und das eigene Leben kosten. Und wäre Stralsund mit Ketten an den Himmel geschlossen, ich wollte es doch herunterreißen!«

Gleich nach seiner Ankunft ließ er Sturm laufen. Aber der Seeweg war für die Leute am Strelasund offen. Sie hatten von den Schweden Hilfe bekommen und setzten sich hartnäckig zur Wehr. Zornig befahl

Wallenstein, den Angriff fortzusetzen. Erst als an einem Tag fünfhundert Mann fielen und am nächsten sogar tausendfünfhundert und die Soldaten, des Stürmens müde, von Offizieren mit Schwertern wie Schafe zur Schlachtbank angetrieben werden mussten, erklärte er sich zu Verhandlungen über einen Waffenstillstand bereit.

Als die Vertreter der Stralsunder Bürgerschaft im Lager erschienen, fuhr er sie an: »Ihr müsst Geld geben, hunderttausend Taler!«

Trotzig erwiderten sie: »Dat hebben wi nich.«

»Ihr müsst meine Soldaten in die Stadt lassen!«

»Dat don wi nich!«

»Ihr seid Schelme und Bösewichte!«

»Dat sünd wi nich!«

Da sie zu keiner Übereinkunft kamen, ließ Wallenstein weiterstürmen, stieß aber nach wie vor auf verbissenen Widerstand. An einem Nachmittag saß Wallenstein vor seinem Zelt unter einer Linde und hatte seine besten und getreuesten Offiziere zum Kriegsrat versammelt. Gerade führte er ein Glas Wein zum Mund, als unversehens eine Musketenkugel aus der Stadt geflogen kam und das Weinglas in Stücke schlug. Rot wie Blut ergoss sich der Wein über seine Hand und über den prächtigen Uniformrock.

Das war zuviel für den eifrig dem Aberglauben huldigenden Feldherrn. Er ließ das Lager abbrechen und zog nach Mecklenburg. Höhnische Trompetentöne begleiteten vom Nikolaikirchturm herab seinen Aufbruch.

Seitdem wurde an diesem Tag, dem 24. Juli, alle Jahre das Wallensteinfest gefeiert, ein beliebtes Volksfest. Eröffnet wurde es auf Sankt Nikolai mit dem Hohnblasen. Dann strömte jung und alt ins Hainholz, um an derselben Stätte, wo dem mächtigen Bedränger Stralsunds der Mut vergangen war, mit frohem Tanz und lautem Jubel der Befreiung zu gedenken. Erst in neuerer Zeit ist man davon abgekommen. Noch immer aber steht im Hainholz die alte Wallensteinlinde und davor der Steintisch.

Die Straßenbeleuchtung in Stralsund

*M*an schrieb das Jahr 1777. Stralsund lag seit mehr als hundert Jahren unter schwedischer Besatzung, und der Reichsgraf Fürst von Hessenstein waltete seines Amtes als Generalgouverneur. Für die Ordnung des öffentlichen Lebens in der Stadt zu sorgen, ließ er sich besonders angelegen sein. Bisweilen kümmerte er sich sogar mehr um die Belange der Stralsunder, als es dem Rat der Stadt lieb war. Schließlich besaß die alte Hansestadt am Strelasund ihre wohlgehüteten Privilegien. Wer sie antastete, dem sollte das nicht gut bekommen, dafür wollte der Rat sorgen, und auch der Fürst von Hessenstein sollte das erfahren.

Allerdings war Stralsund in einem unerfreulichen Zustand. Die Straßen waren eng, das Pflaster holprig, und in den Rinnsteinen sammelten sich Kehricht, Regenwasser, Unrat und Jauche. Mancher Fluch wurde deshalb von Bürgern ausgestoßen, die bei Dunkelheit unterwegs waren. Bürgersteige gab es nicht, wohl aber Vorbauten wie Kellerhälse und Steintreppen, die das Vorwärtskommen noch mehr erschwerten. Ganz unrecht hatte der Fürst von Hessenstein daher nicht, als er sich wegen dieser Übel beim Rat der Stadt beschwerte und ihn beauftragte, dafür zu sorgen, dass Laternen aufgehängt würden. Bis dahin sollten alle Bürger, die nach Zapfenstreich auf die Straße gingen, eine Laterne mitführen, sonst würden sie auf seine Anordnung von Patrouillen festgenommen.

Der Rat war entrüstet darüber, dass sich ein Fremder, und war er auch Generalgouverneur von Schwedisch-Vorpommern, in Angelegenheiten einmischte, die allein Sache des Rates waren. Aber sollte es wegen der Laternen zu Auseinandersetzungen kommen? Die Männer im Rat stellten sich zunächst einmal taub, gaben einen unverbindlichen Bescheid und legten Beschwerde und Anweisung des hohen Herrn zu den Akten.

Freilich ahnten sie nicht, wie ernst es dem Fürsten mit der Beleuchtung war. Als der Rat keine Anstalten machte, die Laternen aufzuhängen, ließ er eines Abends alle Passanten, die nach Einbruch der

Dunkelheit von den Patrouillen auf den Straßen angetroffen wurden, für einige Nachtstunden festsetzen.

Bedrückt kamen die Stadtväter am anderen Morgen zusammen, einige gekränkt und empört, weil sie selbst unter den Festgenommenen gewesen waren. Die Stadt war arm, ausgesogen durch die lange schwedische Besatzung. Woher sollte sie das Geld für Straßenlaternen nehmen? Wovon sollten die Bürger Laternen und Lichter kaufen?

Der Rat war nicht bereit, nach der Pfeife des werten Herrn zu tanzen. Er empfahl den Bürgern lediglich, die Straßen nach Einbruch der Dunkelheit möglichst zu meiden, damit der unangenehme Laternenbefehl umgangen wurde.

Soldaten tappten nun durch die nachtschwarzen Straßen und lugten um die Ecken, so gut es in der Finsternis ging, aber niemand war mehr unterwegs, außer den Patrouillen selbst, die sich dauernd über den Weg liefen. Doch die Straßen waren und blieben dunkel.

Erneut drängte und drohte der Fürst von Hessenstein. Schon wurden Stimmen im Rat der Stadt laut, die sagten, eine Beleuchtung wäre nicht übel. Aber die älteren Ratsherren pochten auf die Verfassung, nach der sich niemand Vollmachten des Rates anmaßen durfte. Immerhin musste etwas geschehen, sollte es wegen der Laternen nicht zu Gewalttätigkeiten kommen. Die Stadtväter waren mit ihrer Weisheit am Ende. Daher blieb nur übrig, sich mit einer List zu behelfen.

Am nächsten Morgen verkündeten Ausrufer an allen Ecken: »Wer nach dem Zapfenstreich auf die Straße gehe, müsse eine Laterne mitführen, sonst werde er auf die Wache gebracht und bestraft.« Die Bürger verloren ihre Ruhe nicht. Hier und da berieten sie, was zu tun sei, und als der Abend hereinbrach, stand mancher am Fenster und blicke auf die Straße.

Da – die Soldaten hatten einen von ihnen erwischt. Aber was zeigte er vor? Eine Laterne! Sie war zwar leer, ohne Licht, aber der Bürger führte, wie es die neue Vorschrift befahl, eine Laterne mit. Die Soldaten konnten ihm nichts anhaben. Da sich ähnliches an den nächsten Abenden wiederholte, denn auch andere Bürger waren auf den Gedanken mit der lichtlosen Laterne gekommen, ließ der Gouverneur eine neue Order

ergehen: Es habe keinen Sinn, abends mit leeren Laternen auszugehen, sie müssten auch mit Licht versehen sein.

Aber das Spiel ging weiter. Wieder waren Bürger im Dunkeln unterwegs. Wieder wurden sie angehalten und auch wieder freigelassen, denn jeder hatte eine Laterne, und in jeder stand ein Licht, doch – keiner hatte es angezündet, davon stand ja nichts in der Anordnung. Mürrisch gingen die Posten weiter, und die Stralsunder lachten sich ins Fäustchen über den Spaß.

Das konnte der Fürst von Hessenstein nicht weiter mit ansehen. Hatte er das Ganze anfangs noch als harmlosen Streich aufgefasst, nun hielt er seinen Groll nicht länger zurück. Ob die Bürger ihn zum Narren halten wollten, fragte er in einem weiteren Schreiben. Der Rat sollte diesen Unfug unterbinden!

Also musste der Rat verfügen, die Lichter in den mitzuführenden Laternen auch anzuzünden. Nur, die Stralsunder waren schon zu gewitzt, als dass sie jetzt schon zu Kreuze gekrochen wären. Die Patrouillen hatten weiterhin zu tun. Wies hier einer seine Lampe vor – bitte sehr, sogar ein brennendes Licht war darin –, so trug er sie eben unter dem Mantel, und keiner konnte es ihm verwehren. Ging da einer mit einem Lichtlein umher, das einen fadendünnen Docht hatte und mit seinem winzigen Flämmchen wie ein Johanniswürmchen flimmerte. Spazierte dort einer mit einem Fässchen im Arm, in dessen Wand er ein närrisches Gesicht geschnitten hatte, und die flackernde Kerze darin warf ein possierliches Lichter- und Schattenspiel aufs Pflaster.

Was konnte man sich nicht alles ausdenken an neuen Neckereien! Die Offiziere berichteten ihrem Herrn mit vielen Einzelheiten, wie die Stralsunder mit allen Kräften seine Befehle hintergingen. Auch den ganzen nächsten Winter noch, bis ins Jahr 1778 hinein. Dann gab sich der Reichsgraf Fürst von Hessenstein, gelb und grün vor Ärger, geschlagen. Er legte die Amtsgeschäfte in die Hände des Kommandanten und kehrte der Stadt am Strelasund und ihren, wie er fand, boshaften Bewohnern den Rücken.

Nun aber, nicht mehr genötigt und gedrängt, nahm sich der Rat die Straßenbeleuchtung mit Bedacht vor und fand, sie sei recht nützlich.

Somit erließ er – wohlgemerkt, aus eigener Entscheidung – ein Gesetz, dass jeder, der sich den Winter hindurch um neun Uhr abends oder später auf der Gasse befinde, eine Laterne mit brennendem Licht bei sich führen müsse, sonst werde er festgenommen.

Noch etwas tat der Hochedle Rat: Er ließ nach Einbruch der Dunkelheit das Rathaus und einige städtische Gebäude beleuchten. Bald begannen Ratsherren und Bürger, ihre Häuser zu illuminieren. Nachbarn taten sich zusammen, um gemeinsam für eine Laterne zu sorgen. So ist in Stralsund mit der Zeit doch noch eine ausreichende Straßenbeleuchtung zustande gekommen, und mit der Finsternis, die einst in den engen Gassen geherrscht hatte, war es vorbei.

Der Königsstuhl

An der Kreideküste im Nordosten der Insel Rügen erhebt sich nördlich von Saßnitz die Felsengruppe Stubbenkammer mit dem Königsstuhl. Dieser mit 119 Metern höchste Kreidefelsen bietet eine weite Aussicht über die Ostsee. Sein Name soll nach alter Überlieferung vom Schwedenkönig Karl XII. herrühren: Er hat dort oben gesessen und der großen Seeschlacht zwischen seinen Schiffen und den Dänen zugesehen. Als seine Schiffe weichen mussten, ging er mit sieben Offizieren an Bord einer kleinen Jacht und floh bis in die Türkei.

Das Seegefecht vor Stubbenkammer fand im August 1715 statt, der Name »Königsstuhl« wird aber bereits 1584 in einer Reisebeschreibung erwähnt. Daher besitzt eine andere volkstümliche Namensdeutung etwas größere Wahrscheinlichkeit.

Danach wurde auf dem Königsstuhl einst den Königen der Insel Rügen gehuldigt. Sie saßen dabei auf einem Stuhl, der aus Erdreich errichtet war und nur von See her bestiegen werden durfte. In jener Zeit wählten die Inselbewohner ihren tapfersten Helden zum König. Bevor er die Würde erhielt, musste er noch den steilen Kreidefelsen von der

Seeseite erklimmen – eine Mutprobe, die mit großer Kühnheit und mit äußerstem Einsatz der Körperkräfte verbunden war.

Die eigentlichen Schöpfer des Namens Königsstuhl werden jedoch Seefahrer gewesen sein. Der frei und majestätisch aufragende Kreidefelsen galt ihnen als der schönste Anblick der ganzen Kreideküste von Saßnitz bis Stubbenkammer.

Zwischen den Kreideklippen unterhalb des Königsstuhls lag eine Höhle. Ein schmaler Pfad schlängelte sich vom Ufer dorthin. In der Höhle hauste lange Zeit eine schwarze Frau, die einen kunstreich gearbeiteten goldenen Becher besaß, und oben auf dem Felsen hielt eine weiße Taube Wacht.

Eines Tages legte ein Schiff bei Stubbenkammer an. Die Männer, die ihm entstiegen, ließen sich von Fischern den Weg zur Höhle weisen. Sie führten einen Übeltäter mit, der in Dänemark wegen Hochverrats zum Tode verurteilt worden war. Der dänische König hatte ihn unter der Bedingung begnadigt, dass er ihm den goldenen Becher der schwarzen Frau hier aus der Höhle unter dem Königsstuhl holte.

Nun war es soweit. Der Hochverräter wurde bis zum Felsenpfad gebracht. Die Begleiter lösten seine Fesseln. Allein musste er zur Höhle hinaufgehen. Er erreichte auch glücklich den Eingang. Als er aber sah, dass in der Höhle mächtige Flammen aufloderten, und als ihn dann unerträgliche Hitze umgab, verlor er allen Mut. Schon wollte er

umkehren, doch besann er sich. Es ging ja um sein Leben. So trieb ihn die Verzweiflung vorwärts.

Inmitten der Flammen erblickte er die schwarze Frau. Unbeweglich saß sie da, in schwarze Kleider gehüllt, einen schwarzen Schleier vor dem Gesicht. Neben ihr stand der Becher aus reinem Gold.

Schnell versuchte der Eindringling, den Schrecken abzuschütteln, sah er sich doch dicht am Ziel. Den Becher musste er haben! Er überwand die Angst vor den gierig züngelnden Flammen und schritt weiter. Es gelang ihm, bis zur schwarzen Frau vorzudringen, und er griff nach dem Becher. Da schlug die Frau den Schleier zurück, ihr Gesicht war bleich und schön. Sie blickte den Fremden an und sagte mit beschwörender Stimme, dass er innehielt: »Wähle recht, fremder Mann, dann bin ich auf ewig dein!«

Doch der Sinn des Fremden stand nur nach dem goldenen Becher, der ihm das Leben verhieß. Er riss ihn an sich und stürzte zur Höhle hinaus. Hinter ihm erhob sich ein schweres, tiefes Seufzen. Eine Stimme rief schauerlich klagend: »Weh mir! Nun kann mich keiner mehr erlösen. Der Becher – er war ihm lieber als mein Heil!«

Hätte der Fremde die Worte der schwarzen Frau bedacht und sie selbst statt des Bechers gewählt, so wäre sie erlöst gewesen.

Der Mann war den Flammen der Höhle entronnen, aber als er ins Freie hinaustrat, genau in diesem Augenblick, verschwand die weiße Taube von der Felsenhöhe. Ein schwarzer Rabe nahm ihre Stelle ein.

Nachdem der Fremde seine Landsleute erreicht und ihnen den Becher übergeben hatte, hörten sie alle das laute Jammern der schwarzen Frau, und weil es nicht enden wollte, wagten sie nicht, den Becher mit nach Dänemark zu nehmen. Sie brachten ihn in die Kirche Bobbin, einem Dorf unweit des Großen Jasmunder Boddens.

Nördlich vom Königsstuhl, etwa dreißig Meter vom Ufer entfernt, liegt ein großer Steinblock im Wasser. Es ist der Waschstein. Seinen Namen erklärte man früher so: Alle sieben Jahre am Johannistag erscheint des Morgens, wenn eben die Sonne aufgeht, auf dem Stein eine Jungfrau von schöner Gestalt. Sie hat ein blutgetränktes Tuch in der Hand und versucht, es in der Ostsee zu waschen. Immer wieder spült sie das blutige Leinen in dem klaren Wasser. Doch ihre Anstrengungen sind vergebens, das Blut lässt sich nicht entfernen.

Man sagt, wer am 24. Juni, dem Johannistag, frühmorgens am Strand von Stubbenkammer weilt und die schöne Jungfrau bei der Arbeit trifft, der muss sie anreden: »Guten Morgen, Gott helf!« Dann ist sie erlöst und schenkt ihrem Retter zum Dank alle Schätze und Kleinodien, die seit vielen Jahren in der Höhle zwischen den Kreidefelsen liegen.

Gerade an so einem Johannistag ging früh am Morgen ein junger Fischer am Strand unterhalb des Königsstuhls entlang. Er kam in die Nähe des Waschsteins und erblickte plötzlich die Jungfrau und auch das Leinentuch, das sie wusch und das trotz aller Mühe nicht wieder weiß wurde. Da sagte der Fischer, wie es auf Rügen üblich war, wenn man jemand bei schwerer Arbeit traf: »Guten Morgen, helf Gott!«

Bei diesen Worten sah die Jungfrau auf und sprach traurig: »Ach, hättest du ›Gott helf!‹ gesagt, es wär unser Glück gewesen. Nun aber muss ich warten, bis in sieben Jahren am Johannistag wieder jemand vorbeikommt, um mich zu erlösen.« Damit verschwand sie hinter dem Waschstein. Gleich danach ging die Sonne über dem Meer auf, und die Kreidefelsen erglänzten im Morgenlicht.

Der Fischer stand tief betroffen am Ufer und hoffte, die Jungfrau noch einmal zu sehen. Doch sie kam nicht wieder.

Arkona

*D*as Kap Arkona mit seinen weithin sichtbaren Kreidefelsen und mit dem unmittelbar westlich davon gelegenen Landvorsprung Gell-Ort ist die nördlichste Spitze der Insel Rügen. Sturmumbraust und wogenumbrandet ragt Kap Arkona 46 Meter aus der Uferwand empor.

Am äußersten Rand des Kreidegebirges liegen die Überreste eines alten Befestigungswerkes: der acht bis zwölf Meter hohe Wall der Jaromarsburg.

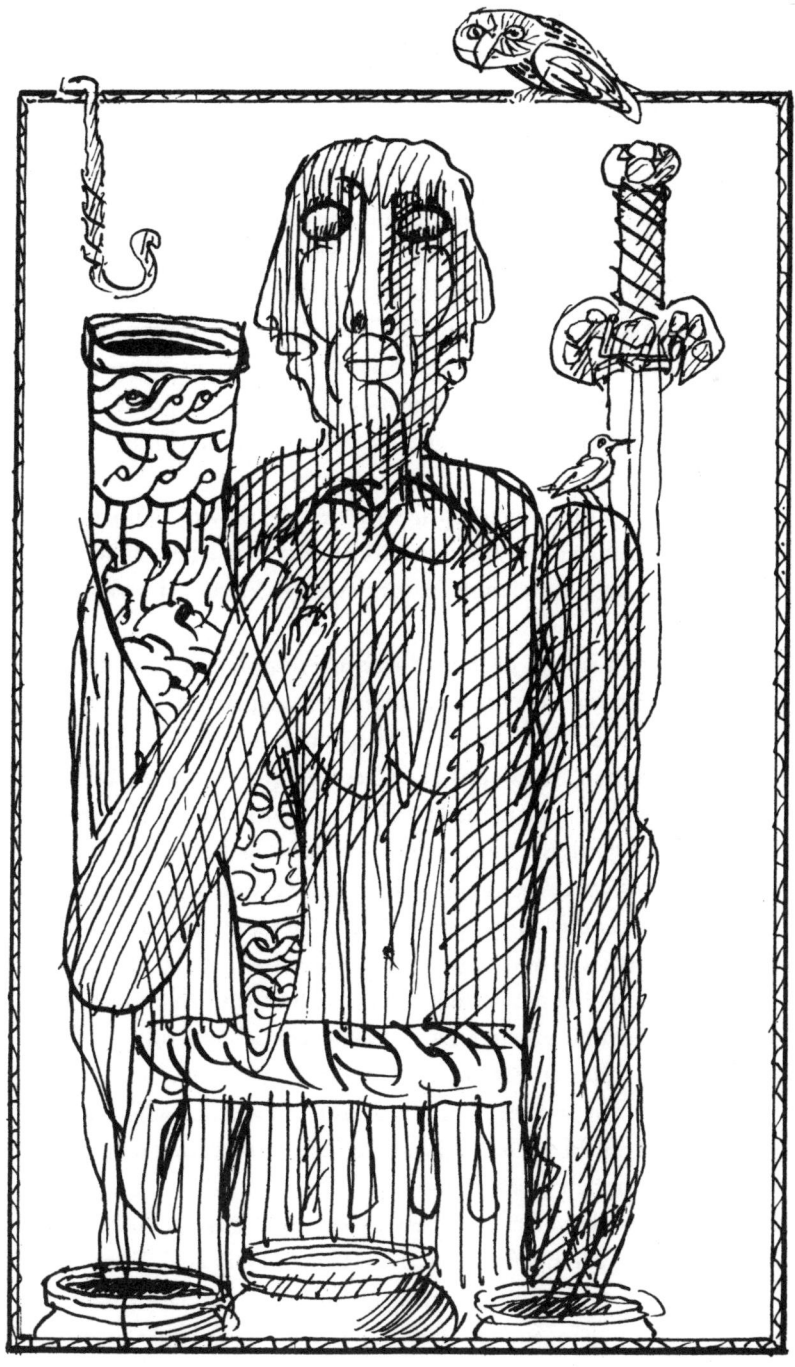

Sagenhaft mutet heute an, was die Geschichte hier überliefert. Im Volksmund erhielt sich aus der alten Zeit vor allem die Erinnerung an glanzvolle Feste in dieser damals weit bekannten Tempelburg. In der Mitte befand sich das Heiligtum mit dem acht Meter hohen Standbild Swantewits, des höchsten Slawengottes. Der Tempel war mit Schnitzwerk und Malereien reich geschmückt. Vorhänge trennten den Innenraum von der Vorhalle ab. Nur der Oberpriester durfte ihn betreten. Er allein konnte den vierköpfigen Swantewit erblicken, der ein langes Gewand aus kostbarem Stoff trug, im rechten Arm ein großes, aus verschiedenen Metallen angefertigtes Horn hielt und den linken Arm in die Seite stemmte.

An der Wand hing das mächtige Schwert des Gottes. Schneide und Griff waren kunstvoll gearbeitet und zeigten herrlichen Silberglanz. Gegenüber hingen Sattel und Zaum des weißen Pferdes, das Swantewit geweiht war.

In jedem Jahr kamen nach der Ernte alle Inselbewohner in der Burg zusammen und feierten vor dem Tempel das Opferfest. Nachdem sie die Opfertiere dargebracht hatten, begann zum Zeichen der Verehrung des höchsten Gottes das Fest. Der Oberpriester, mit seinem auf die Schultern herabfallenden Haar und mit seinem langen Bart seltsam und Ehrfurcht einflößend anzusehen, weissagte an diesem Tag dem versammelten Volk aus dem gefüllten Horn des Gottes. War der Met vom vergangenen Jahr noch unvermindert darin, so stand ein gesegnetes Jahr bevor; fehlte ein Teil davon, so bedeutete es Missernte und Not. Nach dieser Prophezeiung goss er den Met als Opfer aus, füllte das Horn, leerte es nun selbst in einem Zuge, worauf er es nochmals füllte und dem Gott wieder in die Hand gab.

Nun wurde ein Speiseopfer dargebracht: ein Honigkuchen, so groß und breit wie ein Mensch. Behutsam stellten vier Männer den duftenden Kuchen vor den Oberpriester hin.

»Seht ihr mich?«, rief der Priester hinter dem Kuchen hervor.

Die Versammelten gaben Bescheid. Konnten sie den Oberpriester noch erblicken, und ragte auch nur seine spitze Mütze hervor, dann war der Kuchen zu klein geraten, und es wurde gebetet, damit Swantewit im kommenden Jahr eine reichlichere Ernte werden ließ, so dass der Kuchen für das nächste Erntefest größer gebacken werden könne.

Das heilige weiße Pferd Swantewits diente ebenfalls zu einer Weissagung. Bevor man in den Kampf zog, wurden Lanzen in drei Gruppen mit den Spitzen in die Erde gesteckt. Nach einem Gebet führte der Oberpriester das Pferd am Zügel zu den Lanzen. Überschritt es diese mit dem rechten Fuß zuerst, wurde das als günstiges Vorzeichen angesehen. Gebrauchte es aber einmal den linken Fuß vor dem rechten, so ließ man von dem Vorhaben ab. Nur wenn das Pferd ein gutes Zeichen gegeben hatte, zog man voller Kampfesmut dem Feind entgegen.

Im Jahre 1168 eroberten die Dänen nach erbittertem Kampf die Tempelburg und führten das Christentum auf Rügen ein. Das Standbild Swantewits wurde zerschlagen und verbrannt. Die besiegten Inselbewohner mussten den Fall ihres Gottes mit ansehen, hofften aber, er werde die Fremden durch Zauberkraft an ihrem Zerstörungswerk hindern und wieder seinen Ehrenplatz einnehmen. Doch nichts dergleichen geschah. Da waren sie vor Entsetzen wie gelähmt und ließen sich ohne Widerstand christlich taufen, zumal ihr Oberhaupt, Fürst Jaromar, sogleich diesen Glauben annahm. Unter ihm vollzog sich Rügens Schicksalswende, und die Burg trug dann seinen Namen.

Nahe am Steilufer war die einst gewaltige Anlage erbaut, die heute nur noch einen unvollkommenen Eindruck hinterlässt, denn große Teile des Walls und des Inneren sind im Laufe der Jahrhunderte abgestürzt und glitten ins Meer hinab. Aber die Burg des Swantewit lebt ebenso in sagenhafter Erinnerung fort wie die reiche See- und Handelsstadt Arkona, die hier gelegen haben soll. Es wurde erzählt, sie habe ihre Schiffe über alle Meere des Nordens fahren lassen und Handel mit vielen Ländern getrieben. Zu ihrem Wohlstand habe auch der Segen des Meeres, der Fischreichtum, beigetragen. Aber alle Herrlichkeit habe ein jähes Ende genommen, als bei einer großen Sturmflut die ganze Stadt versunken sei. Nur zuweilen, bei nebligem Wetter, tauche sie wie eine Fata Morgana über der Meeresoberfläche auf. »Arkona wafelt«, sagen dann die Leute hier.

Manchem soll es schon beschieden gewesen sein, die Stadt auf dem

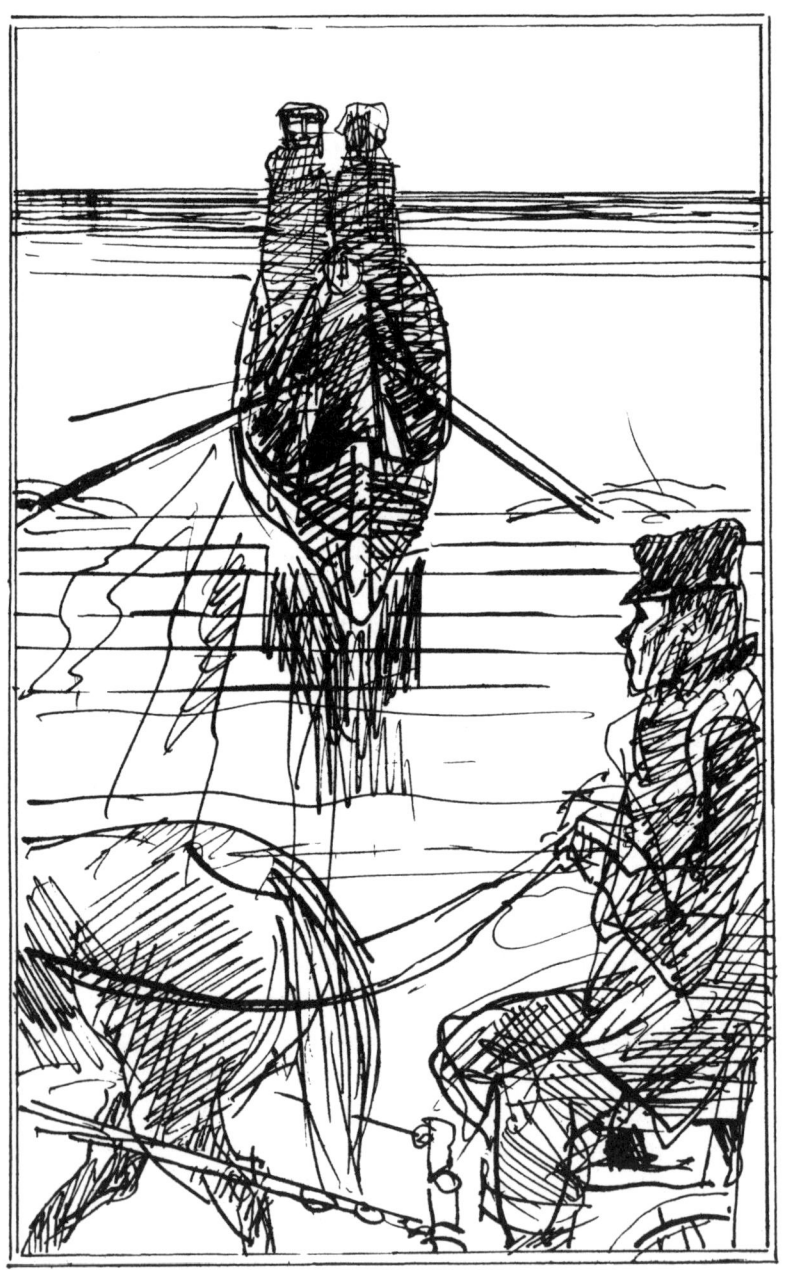

Meeresgrund zu sehen, die prächtigen Häuser und Türme. Andere erzählen, am Ostermorgen könne man die Glocken aus der Tiefe herauftönen hören.

Wenn die Stadt auch vor Jahrhunderten im Meer versank, so kann sie doch, wenn ihre Stunde gekommen ist, wieder erlöst werden. Vor etlichen Jahren erfuhr das ein alter Mann aus Glowe. Als er eines Tages mit seinem Karren am Hochufer entlangfuhr, kam über die See ein Boot mit drei Männern auf ihn zu. Bald war es am Ufer. Einer der Männer rief zu ihm herauf, er solle mit ihnen kommen. Er sei es, der Arkona erlösen könne, und er solle die Schlüssel der Stadt in Empfang nehmen.

Der Alte winkte jedoch ab und erwiderte, er sei hoch in den Siebzigern und ihm könne es keinen Nutzen bringen, die Stadt Arkona zu erlösen. Da wandte sich das Boot wieder auf das Meer hinaus und war bald nicht mehr zu sehen. So liegt Arkona noch immer auf dem Grund des Meeres und wartet auf seine Erlösung.

Der Dubberworth

Das größte Hügelgrab auf Rügen, der Dubberworth, ist auf dem ebenen Landstrich zwischen Lietzow und Sagard schon aus der Ferne zu sehen. Es ist etwa 2500 Jahre alt. Im Dubberworth sollen früher die Unterirdischen gewohnt haben, das waren kleine, zwergenähnliche Leute. Eines Tages, so erzählte man sich, sei einer von ihnen zu einem Bauern in Saiser bei Lietzow gekommen. Er habe nicht nur eine ganze Fuhre Getreide gekauft, sondern auch noch gebeten, das Korn zu einer bestimmten Stunde an den Dubberworth zu bringen.

Der Bauer war verwundert, denn in der Nähe des Hügels gab es keine einzige menschliche Behausung. So fragte er den Kleinen, was das Getreide dort solle.

Es sei schon ganz richtig so, bekam er zur Antwort, und er solle nur tun, was sie ausgemacht hätten.

Der Bauer fuhr also mit dem Getreide bis zum Dubberworth. Er war nicht wenig erstaunt: Weit offen stand der Hügel! Aber da kam schon der Kleine und führte ihn mitsamt dem Wagen ein ganzes Stück in den Berg hinein.

Dort wimmelte es plötzlich von kleinen Leuten. Schnelle Hände luden das Getreide ab und packten dem Bauern so viel Gold und Silber auf den Wagen, wie die Pferde nur ziehen konnten.

Dem Bauern gingen die Augen über bei all dem glitzernden und funkelnden Reichtum. Er hatte es eilig, wieder hinauszukommen ins Sonnenlicht. Obwohl alles sehr schnell gegangen war, erschien ihm der Weg unendlich weit. Als er unter freiem Himmel war, atmete er auf.

Ob er aber auch alles Gold und Silber aus dem unheimlichen Berg herausgebracht hatte? Er schaute sich um.

Da – vor seinen Augen schloss sich der Berg und verschlang den Wagen mit seiner kostbaren Last. Aber im nächsten Augenblick lag der Dubberworth wieder ruhig da. Nichts verriet, was eben geschah.

Traurig stand der Bauer vor dem Hügelgrab und dachte an den verlorenen Schatz. Ihm blieb nur der Trost, dass er sich und die Pferde retten konnte. Mit Schaudern ging ihm durch den Sinn, was wohl gewesen wäre, hätte er sich schon eher umgesehen.

Im Dreißigjährigen Krieg wurde die Insel Rügen so verwüstet, dass die Menschen in große Armut und Not gerieten und es fast keine Kühe mehr gab. Da erließ Gustav Adolf, der König von Schweden, einen Befehl, nach dem jeder Bewohner der Insel, der noch eine Kuh besaß, sein Tier öffentlich vorweisen sollte, er wolle die Hörner vergolden lassen.

Ein Landmann auf Jasmund hielt seine beiden letzten Kühe in einer Höhle nahe am Dubberworth verborgen. Als er vom Befehl des Königs hörte, ging er dorthin, um nach seinen Tieren zu sehen, und fand wirklich noch eine Kuh am Leben. Er brachte sie nun wieder zurück, und der König ließ ihr, als der einzigen Kuh auf Rügen, die Hörner in Gold fassen.

Zwei Bauern waren einmal in der Nähe des Dubberworths beim Eggen. Die Mittagszeit kam heran, und als sie beim Hügelgrab wendeten, stiegen ihnen liebliche Düfte in die Nase.

Der eine meinte: »Du, Nachbar, das riecht hier so, als ob die kleinen Leute Mittag machen!«

Der andere nickte und fügte hinzu: »Ich glaube, sie haben Schweinebraten zu Mittag.«

Sie mussten mit dem Bratenduft zufrieden sein und eggten weiter. Am Dubberworth hielten sie überrascht inne, denn am Rand des Hügels standen zwei Teller mit Braten, Kartoffeln und Gemüse. Sie zögerten nicht lange, setzten sich nieder, und jeder nahm sich einen Teller vor. Es schmeckte ihnen vortrefflich unter dem blauen Himmel am alten Hügelgrab.

Als sie fertig waren, sagte der eine Bauer, indem er derer gedachte, denen sie das gute Essen verdankten: »Wir müssen ihnen zum Dank wohl was auf den Teller legen!« Er zog seinen Geldbeutel hervor und legte ein Zweipfennigstück hin.

Der andere Bauer war jedoch ein undankbarer und boshafter Mensch. Für das Tun seines Nachbarn hatte er nur ein höhnisches Lachen. Am Ende beschmutzte er sogar den Teller in hässlicher Weise.

Die Folgen blieben nicht aus. Hatte der eine Bauer in seinem Leben Glück und kam durch seiner Hände Arbeit auch zu Wohlstand, so erging es dem anderen schlecht. Er erkrankte bald und starb nach jahrelangem Leiden im Elend.

Ein andermal versuchte ein Gutsherr, den ganzen Hügel des Dubberworths abfahren zu lassen, weil er mitten in seinen Feldern lag und das Pflügen erschwerte. Seine Leute begannen, den Dubberworth auf zwölf vierspännige Wagen zu laden. Trotz vieler Mühen schien der Hügel aber nicht kleiner zu werden. Es war ein schweres Fahren, ein Geschirr nach dem anderen zerbrach.

Als der Gutsherr davon erfuhr, geriet er in Zorn und eilte selbst dorthin. Er bestand darauf, den Hügel aus dem Weg zu räumen und trieb die Bauern unbarmherzig an.

Da stockte ihm der Atem. Was war das? Auch die Bauern richteten sich erschrocken auf, denn sie vernahmen eine Stimme, die aus dem Innern des Dubberworths zu kommen schien, tief und grollend: »Weh euch, ihr Menschen, weh euch! Lasst ab, mich in meiner Ruhe zu stören, sonst seid ihr auf ewig begraben!« Noch ein tiefes Dröhnen und Stöhnen, das langsam verhallte. Dann war wieder alles still.

Den Bauern waren Schaufeln und Hacken entglitten. Scheu sahen sie sich nach ihrem Herrn um, doch der hatte nun seinen Plan aufgegeben und schritt davon. Sie nahmen ihre Sachen auf und folgten ihm. Dabei warfen sie noch einen letzten, angstvollen Blick auf den Hügel.

Später wagte sich niemand mehr an den Dubberworth heran. Wohlbehalten hat das Hügelgrab die Jahrhunderte überdauert.

Wie die Insel Hiddensee entstand

Als Mönche im neunten Jahrhundert nach Rügen kamen, reiste einer von ihnen an die Westküste der Insel. Spät abends, in einem Fischerdorf, bat er an einer Hüttentür um Einlass und Aufnahme, wurde aber von einer Frau, die man Mutter Hidden nannte, wie ein Bettler mit harten Worten abgewiesen. Da wandte er sich an die Nachbarin, die Mutter Vidden hieß und eine arme Witwe war. Hier wurde er eingelassen, und die gute Frau bereitete ihm ein einfaches Mahl und ein Nachtlager.

Am anderen Morgen dankte ihr der Mönch und schied mit den

Worten: »Ich habe nicht Gold und Silber, um Euch die freundschaftliche Aufnahme zu bezahlen, doch Eure erste Arbeit an diesem Tag soll Euch gesegnet sein.«

Mutter Vidden achtete nicht weiter auf diese Worte. Sie nahm ihre selbstgewebte Leinwand vor, um sie zu messen. Damit wollte es gar kein Ende nehmen, sie maß und maß den ganzen Tag, bis die Sonne unterging. So bekam sie ihr ganzes Haus voll Leinwand, und der Ballen Stoff war am Ende noch nicht kleiner geworden. Nun erst entsann sie sich der Worte des Mönchs und verstand ihren Sinn. Sie war eine reiche Frau geworden!

In ihrer Freude lief sie zu Mutter Hidden und erzählte ihr von dem Glück. Ach, wie wurde Mutter Hidden neidisch! Sie bereute es bitter, den Mönch abgewiesen zu haben.

Nach einiger Zeit kam der Mönch wieder in das abgelegene Fischerdorf. Diesmal lief ihm Mutter Hidden entgegen und lud ihn ein, bei ihr zu essen und zu übernachten. Sie machte ihm mit vielen Worten ein gutes Mahl zurecht, und er bekam das beste Bett für die Nacht.

Als er am Morgen schied, gebrauchte er dieselben Worte wie bei der armen Witwe. Darauf hatte die Frau schon gewartet. Sie beschloss, die im Spartopf gesammelten Taler zu zählen und dadurch ihr ganzes Haus mit Silbergeld zu füllen.

Da hörte sie die Kuh im Stall brüllen. Sie hatte nur an das Geld gedacht und darüber vergessen, das Tier zu tränken. »Warte!«, sprach sie vor sich hin. »Du sollst mich bei meiner Arbeit nicht stören, ich werde dir gleich einen Eimer Wasser bringen.«

Sie lief mit dem Eimer zum Brunnen, um Wasser zu schöpfen. Aber als der Eimer voll war, konnte sie nicht aufhören. Immer mehr Wasser holte sie aus dem Brunnen herauf, bis alles Land um sie her überschwemmt war.

Seitdem trennt ein mächtiger See das Land von der Insel Rügen. Man nannte es Hiddensee nach Mutter Hidden, die bald darauf arm und einsam starb. Mutter Vidden blieb wohlgeachtet und sorgenfrei ihr Leben lang. Nach ihrem Namen wurde das Dorf, in dem sie wohnte, Vitte genannt.

Geschichten um Klaus Störtebeker

Störtebeker – das war eine feiner Kerl. Armen Leuten hat er was gegeben, reichen Leuten was genommen.« So hört man noch heute an der Ostseeküste von einem Mann erzählen, obwohl er schon vor langer Zeit, im Jahre 1401, zusammen mit seinem Freund Gödeke Michael und anderen Getreuen in Hamburg wegen Seeräuberei hingerichtet wurde. Die Erinnerung an ihn und seine Hilfsbereitschaft den Armen gegenüber lebt weiter, er ist des Volkes Held und Liebling geblieben. Wahrscheinlich war er ein Bauernsohn aus Ruschwitz auf Rügen, und Gödeke Michael stammte wohl aus Michaelsdorf, einem Ort bei der Stadt Barth an der Ostsee.

Einst kamen die beiden Männer durch das kleine Dorf Hagen in der Stubnitz, dem Waldgebiet nördlich von Saßnitz, und sahen einen Alten traurig vor seiner Haustür sitzen. Er klagte, er sei zu arm und könne nicht länger den Mietzins zahlen. Darauf riet ihm Störtebeker, er solle sich aus der Uferschlucht von Stubbenkammer einen Schiffsmast holen und ihn zersägen. Als der Alte das auch tat, rollte ihm aus dem Mast, der innen hohl war, eine ganze Reihe blanker, schwerer Goldstücke entgegen. Voll Freude rief er seine Frau herbei, und die meinte nachdenklich: »Ich glaube, das ist Klaus Störtebeker gewesen ...«

Dann trafen sie in Hagen noch eine Frau, die vor ihrer Kate saß und weinte, da sie kein Stück Zeug mehr fand, um die zerschlissene Hose ihres Mannes zu flicken, und etwas kaufen, daran war bei ihrer Armut nicht zu denken. Störtebeker warf ihr einen Lappen guten Tuches in den Schoß, und als sie ihn umdrehte, klebten Goldstücke daran. Auch in Bobbin, das nicht weit von Hagen liegt, half Störtebeker einer armen Witwe mit Geld, damit sie in ihrem Häuschen wohnen bleiben konnte.

Eines Nachts war der Lotse und Fischer Tietz Dumrath aus Lobbe im Südosten Rügens beim Fischen, als vor ihm ein riesiges Schiff auftauchte und ihn ein dröhnender Bass an Bord befahl. Tietz war kein Mann von Furcht und kletterte die Bordwand hoch. Ein bärtiger Hüne übergab ihm das Steuer und sagte kurz: »Bring uns nach dem Sund!«

Der Lotse warf schnell noch einen Blick auf den kraftstrotzenden Kapitän, ehe er das Ruder ergriff, ihm war eine Ahnung gekommen. Dann musste er seine Sinne beisammenhalten, um das schwere Schiff sicher durch den Greifswalder Bodden mit seinen vielen Untiefen zu bringen. Schweiß stand ihm auf der Stirn, als sie endlich bei Palmer Ort, der Südspitze der Insel Rügen, die Einfahrt in den Strelasund erreichten. Da löste ihn der Bärtige ab. Er sagte nur: »Geh und schlaf dich aus!«

Kaum war der Lotse unter Deck, als es in der Luft zu sausen und zu brausen anhob. Eine Stimme rief: »Kerl, halt ein, wir segeln sonst die Nikolaikirche in Grund und Boden!« Der Anker rasselte in die Tiefe, der Lotse sprang nach oben – die Bark lag schon fest und wohlvertäut im Hafen von Stralsund. Nachdem ihn der Riese mit dem feuerroten Bart reichlich entlohnt hatte, ging Tietz von Bord. Für ihn stand es außer Zweifel, dass der bärtige Kapitän Klaus Störtebeker war, denn so fahren konnte sonst keiner, und er, Tietz Dumrath, hatte ihm Lotsendienste geleistet!

Die Barther und der Ritter Alkun

*V*or Jahrhunderten waren die Bewohner der westlich von Stralsund gelegenen Stadt Barth in großer Not. Ihre Brunnen gaben nur spärlich Wasser, und in Zeiten der Trockenheit versiegten sie ganz. So bezogen die Leute das Wasser aus einer Quelle, die vor der Stadt, in den Sundischen Bergen, sprudelte. Dieses Wasser war ausgezeichnet und besonders zum Bierbrauen geeignet, weshalb man im ganzen Land das vortreffliche Barther Bier rühmte.

Viele Jahre war alles gut, und die Quelle spendete ihr Wasser. Da verfiel der Ritter Alkun, der in einer Burg bei den Sundischen Bergen wohnte, eines schönen Tages darauf, dass die unerschöpfliche Quelle ja auf seinem Grund und Boden lag. Umgehend ließ er dem Rat der Stadt eine Forderung auf tausend Gulden jährlicher Bezahlung für die

Benutzung seiner Quelle überbringen, andernfalls er den Zugang zu ihr von seinen Waffenknechten sperren ließe.

Das kam den Stadtvätern ungelegen. Wie sollten sie in jedem Jahr diese Summe aufbringen? Vielleicht durch neue Steuern, aber nein, dazu wären die Bürger nicht zu bewegen gewesen, davon gab es gerade schon genug. Die Bierbrauer rangen die Hände, denn das frische Quellwasser war für das gute Bier einfach unentbehrlich.

Sie redeten stundenlang, überlegten hin und her, und als es gar keinen Ausweg mehr zu geben schien, kam dem Bürgermeister noch ein Gedanke. Er rief: »Trinkt doch auch der Ritter Alkun unser Bier über die Maßen gern, so muss uns das hier eben helfen!«

Ein großes Turnierfest wurde angesetzt und der Ritter dazu eingeladen. Er kam, wenn auch erstaunt, denn er hatte auf seine Forderung eigentlich mit einer anderen Antwort gerechnet.

Ganz besonders gut und kräftig schien das Bier diesmal geraten. Der Ritter nahm volle Züge aus einem Humpen, der ihm – darauf hatte der Bürgermeister ein wachsames Auge – immer gleich wieder gefüllt wurde. Alle Ratsherren tranken dem Ritter zu, und wacker hielt er mit, allen tat er Bescheid. Er konnte viel vertragen und trank einen nach dem anderen unter den Tisch, bis auf einen. Das war der Bürgermeister selber, denn der hatte sich in seinen Humpen ein Fach einsetzen lassen. Ihm konnte nur wenig Bier eingegossen werden, und trotzdem schien der Humpen immer voll zu sein. Daher blieb er bei klarem Verstand, als der Ritter endlich doch vom Stuhl glitt. Geschwind fing er ihn auf und schob ihm noch ein Schriftstück zum Unterschreiben hin. Die List gelang, der Ritter setzte seinen Namen auf das Papier.

Was er da unterzeichnet hatte, das verstand Herr Alkun erst am nächsten Tag richtig: Er hatte der Stadt die Quelle geschenkt! So sehr er sich über seine Dummheit ärgerte, es galt: »Ein Mann – ein Wort!«

Zum Trost versprach ihm der Bürgermeister Freibier, so oft er trinken wollte. Noch viele Jahre war der Ritter dann im Ratskeller zu Gast und genoss das gute Bier. Die Barther aber dankten ihrem Bürgermeister, dass die klare, frische Quelle vor der Stadt ihnen allen zugute kam.

Das Abendläuten in Ribnitz

*E*s ist schon lange her, da standen an einem Spätsommertag um die Mittagszeit drei ältere Fischer am Strand bei Wustrow auf dem Fischland, dem schmalen Landstrich zwischen Saaler Bodden und Ostsee, und beobachteten mit Sorge ein rasch aufziehendes Unwetter. Soeben waren sie und vier junge Fischer von der Fahrt zurückgekehrt. Die Boote hatten sie ein gutes Stück aufs Land gebracht, damit die vordringenden Wellen sie nicht erreichen konnten. Die Jungfischer trugen den Fang und die Geräte nach Hause, wollten dann aber zurückkommen, um die Wache zu übernehmen und die Boote noch höher zu ziehen, falls das Wasser weiter steigen sollte.

Plötzlich wurde es fast schwarze Nacht. Ein Gewitter entlud sich mit grellen Blitzen und krachenden Schlägen, der Regen prasselte nur so herab, hohe Wellen rollten am Strand herauf. Ein Sturm raste über die Küste, wie ihn die graubärtigen Fischer noch nie erlebt hatten. Sie suchten Schutz unter einem kieloben liegenden Boot.

Allmählich zog das Gewitter ab, der Regen ließ nach, die Sonne schien wieder, doch der Sturm, der die Tiefen der See aufwühlte, hielt weiter an. Die drei Fischer krochen unter ihrem Boot hervor. Ihr Blick ging über die hohe Brandung auf das bewegte Meer. Da – ein Schiff! Ein Spielball der Wellen schien es zu sein, von seinen Segeln war nichts mehr zu sehen.

Die jungen Fischer waren zurückgekommen, aber die älteren gingen nicht heim. Sie blieben, um dem Schiff in Seenot zu helfen, wenn Hilfe noch möglich war. Zusehends wurde das Schiff näher getrieben, bis es auf Grund geriet und festsaß. Der Gewalt der anstürmenden Brecher ausgesetzt, war es bald ein Wrack. In der starken Brandung konnten die Fischer kein Boot zu Wasser bringen. Untätig mussten sie zusehen, wie Trümmer angespült wurden, später auch Menschen, leblos wirkende und auch tote Menschen.

Das erste Wesen, das sie bergen konnten, war eine junge Frau. Im Haus des ältesten Fischers bemühten sich Frauen stundenlang, die

Fremde wieder zum Leben zu erwecken. Endlich kam Bewegung in die starren Glieder – gerettet. Die Frau schlug die Augen auf und blickte ängstlich in die ungewohnte Umgebung. Die alte Uhr in der kleinen Fischerstube schlug gerade halb neun.

Von den Fischersleuten umsorgt, erholte sich die junge Frau und berichtete von ihren Erlebnissen. Sie war eine schwedische Prinzessin und war auf einem königlichen Schiff zu einer Reise nach Wismar aufgebrochen; damals gehörte ein großer Teil der südlichen Ostseeküste zu Schweden. Unterwegs kam das Unwetter auf, das dem Schiff zum Verhängnis wurde. Die gesamte Schiffsbesatzung und die Begleiter der Prinzessin kamen in den Wellen um, sie allein wurde gerettet.

Nach einigen Wochen wurde sie nach Wismar gebracht und kehrte von dort in ihre Heimat zurück. Für die aufopferungsvolle Rettungsarbeit dankte sie den Fischern auf fürstliche Weise. Sie schenkte Ribnitz, zu dem das Fischerdorf damals gehörte, eine Tonne voll Gold und sprach den Wunsch aus, fortan möge jeden Abend um halb neun Uhr, zu der Stunde, da sie ins Leben zurückgekehrt war, die Turmglocke geläutet werden.

So erklang nun die Glocke viele Jahre lang Abend für Abend, und jedermann wusste, warum.

Aus der Rostocker Heide

Stundenlang können wir durch die Rostocker Heide wandern, und noch immer nimmt der Wald kein Ende. Überall flüstert und raunt es aus alter Zeit. Auch die Namen sind hier voller Geschichten.

Weshalb Markgrafenheide? Einst jagte ein Markgraf von Brandenburg als Gast des Landesherrn voll Lust und Leidenschaft in der Heide und kam dabei zu Tode. Er wurde in einen goldenen Sarg gelegt und im Wald begraben, doch wo, das weiß niemand mehr, man hatte den Sargträgern die Augen verbunden.

Weshalb Schnatermann? Als der Breitling noch tief war, soll hier an einem Wintertag mit klirrendem Frost und scharfem, eisigem Wind ein Schiff untergegangen sein. Nur ein Mann habe sich von dem Schiff auf einen aus dem Wasser ragenden großen Stein retten können. Er sei jedenfalls, als man ihm endlich zu Hilfe kam, schon so verfroren gewesen, dass er nur noch »schnatern« (schnattern) konnte, und seitdem heißt das Gehöft eben Schnatermann.

Und Schwarzenpfost? Hier, am Rande der Heide, wo die alte Landstraße von Rostock nach Ribnitz vorbeiführt, genau hier, an der einstigen Grenze zwischen städtischem und fürstlichem Gebiet, stand einst eine schwarze Tafel, auf der mit weißen Lettern geschrieben war, dass es Bettlern und Landstreichern verboten sei, diesen Boden zu betreten. Ob damit der fürstliche oder der städtische Boden gemeint war, ist nicht mehr bekannt.

Und die Borwinseiche? Den Namen erhielt sie von einem Forstmann, dem es nicht gefiel, dass sie bei den Waldarbeitern, die auf einer Bank an ihrem Fuß frühstückten und dabei gern einen Schluck aus der Flasche nahmen, »Bramwienseik« (Branntweineiche) hieß. Seitdem erinnert sie daran, dass die Rostocker Bürger dem Fürsten Heinrich Borwin III. das Waldgebiet für 450 Mark Rostocker Pfennige abkauften. Wie alt nun die mächtige Eiche am Fesselbrandweg zwischen Stuthof und Markgrafenheide auch sein mag – man schätzt sie auf fünfhundert Jahre – zu jener Zeit kann sie aber noch nicht gestanden haben.

Hinrichshagen heißt so, weil die ersten vier Ansiedler allesamt den Namen Hinrich trugen. In Hinrichshagen spielte ein Fuchs den Jägern mancherlei Schabernack. Bis ins Dorf schlich er, lugte den Leuten neugierig ins Fenster, legte sich sogar quer vor die Tür, so dass sie nicht aus dem Haus konnten. War der Jäger zur Stelle und drückte auf den vorwitzigen Burschen ab, dann sah er ihn wohl fallen und sich überschlagen, allein wenn er hinlief, um ihn aufzuheben, konnte er sich die Augen aussuchen. Schon bald tauchte der Rotrock wieder irgendwo im Dorf auf, ihm war einfach nicht beizukommen. Am Ortsausgang von Hinrichshagen, wo die Wiethäger Schneise von der Straße nach Graal-Müritz abzweigt, heißt ein Fichtenschlag »dat Bröderrecht« (das Brüderrecht). Hier trafen sich einmal zwei Brüder. Der eine kam aus der Stadt und klapperte lustig mit Nägeln in der Tasche, als hätte er Geld darin. Der andere, ein armer Schlucker, wollte davon haben. Er bat, er drängte: »Denk an't Bröderrecht!« Schließlich ging er dem Bruder an die Kehle und ließ erst los, als der steif und starr dalag.

Rechts von der Straße zwischen Hinrichshagen und Markgrafenheide steht, ein Stück im Wald, »Brandts Kreuz«, ein roh gezimmertes Eichenkreuz, auf dem die Worte »Jäger Brandt, gestorben 1669« zu lesen sind. Der Jäger lebte recht und schlecht in Markgrafenheide, denn die Feldarbeit auf dem kärglichen Boden brachte wenig Ertrag. Nun verwüstete ihm auch noch ein starker Keiler Nacht für Nacht den Acker und machte das mühselige Tagewerk zunichte. Brandt schwor ihm tödliche Rache. Um ganz sicher zu gehen, verbarg er am Karfreitag beim Gottesdienst die Hostie, ein kleines Stück vom geweihten Abendmahlsbrot, im Ärmel und lud dann mit ihr seine Flinte. »Warte nur«, stieß er hervor, »heute Nachmittag soll dich oder mich der Teufel holen.«

Er hatte das Wildschwein kaum ausgemacht, als das schon auf ihn losstürmte. Brandts Hände zitterten, der Schuss ging fehl. Im Nu stieß ihn das wütende Tier nieder und schlitzte seinen Leib auf.

In stürmischen Frühlingsnächten sollen Jäger und Keiler noch lange dort umhergejagt sein.

Ein anderer Jäger hatte als echter Freischütz einen Bund mit dem Teufel geschlossen. Durch geheimen Zauber lockte er das Wild so nahe heran, dass er es bequem erlegen konnte. Sein Gesicht und vor allem die Augen glühten des Nachts feurigrot, wie glimmende Kohlen. Daher hieß er Gländ, der Glühende. »Gländes Sitz«, eine alte Eiche am Weg von Graal-Müritz nach Hirschburg, war sein bevorzugter Aufenthalt. Eines Tages lag er tot unter der Eiche, sein Gesicht war schwarz verbrannt. Man begrub ihn gleich an Ort und Stelle. So manchem Jäger schlug er später noch ein Schnippchen. Sobald sich das Wild auf Schussweite

genähert hatte, ertönte ein leiser, aber durchdringender Pfiff, der es in weiten Sätzen davoneilen ließ – das Jagdglück war vereitelt.

Müggenburg war einst eine Siedlung etwa in der Mitte der Scheidenschneise, mit kleinen, strohgedeckten Häusern rings um den Weiher. Später hütete ein hässlicher Kobold die Nussbäume, die dort noch standen, als die Häuser längst verschwunden waren. Wenn einer in später Stunde vorbeiging, begann der Kobold zu krächzen:

> *»Harst du nich in dei Schoh den Bollerjahn,*
> *sall di dei Kopp in den Nacken stahn!«*
> *(Hast du nicht im Schuh den Baldrian,*
> *soll dir der Kopf im Nacken stehn!)*

Dann saß er dem Wanderer unversehens auf dem Rücken und drehte ihm das Gesicht nach hinten. Wer ein paar Stengel Baldrian bei sich hatte, der war gegen solche Heimtücke gefeit.

Ein Sumpf- und Wassergeist war Klatthamel. Triefend und klatschnass stieg er nachts aus dem Bruch und ließ sich bei den Jungen nieder, die dort auch zu nächtlicher Stunde Pferde hüten mussten und, um sich zu wärmen, ein Feuer angebrannt hatten. Zuerst erschraken sie vor der düsteren Gestalt, die da herangeschlichen war, aber sie tat ihnen weiter nichts. Als sie öfter kam, immer völlig durchnässt und triefend, sagten sie nur noch: »Unser Klatthamel ist wieder da.«

Das bekam auch ein Jäger zu hören, der eines Nachts zu ihnen trat und fragend auf das seltsame Wesen deutete. Er wollte genauer wissen, weshalb einer in den Sumpf gebannt worden war. Hatte er heimlich

Grenzsteine versetzt? Oder hatte er gar eine Blutschuld auf sich geladen? »Sag, du Geist, was willst du hier?«, fragte der Jäger. Keine Antwort. Nachdem er Klatthamel aber einige gute Worte gesagt und ihm dreimal gewünscht hatte, er möge im Namen aller guten Geister endlich Ruhe finden, sprach Klatthamel plötzlich: »Das habe ich nur hören wollen!« Damit verschwand er und kam nie wieder.

Nun soll noch von der seltsamsten Sagengestalt in der Heide die Rede sein, von *Gälknoeker*. Nicht weit von Schwarzenpfost, zwischen Behnkenhagen und Blankenhagen, hatte er in einem Hügel seine Höhle, doch ist dieser Gälknoekerberg schon lange eingeebnet. Wie ein Mensch sah Gälknoeker aus, klein und dürr, und er hatte nicht nur gelbe Haut, er trug auch gelbe Kleidung.

Er stellte allerlei Unsinn an. So stieß er Heuhaufen, die ihm im Weg waren, um, desgleichen Wagen mit voller Ladung. In der Nacht konnten die Hütejungen ihre Pferde nicht mehr zusammenhalten, denn er hatte die Halsglocken der Tiere verstopft. Am Morgen waren die Pferde in alle Himmelsrichtungen gelaufen. Es bedurfte tagelangen Suchens, bis sie wieder beisammen waren. Um in kalten Nächten nicht zu frieren, schlüpften die Jungen in Säcke und zogen sie sich wohl auch ganz über die Ohren. Gälknoeker schlich herbei und rieb sich die Hände. Hei, das war etwas für ihn! Einen Sack nach dem anderen band er fest zu. Gab das morgens ein Geschrei!

Er trieb aber nicht nur Schabernack, er half auch armen Leuten aus ihrer Not. Einmal kam eine alte Frau nach Blankenhagen auf die Mühle. Sie brauchte Mehl, aber sie hatte kein Geld, und ohne Bezahlung ließ sich der Müller auf nichts ein. Als sie zu weinen begann, tat sich die Tür auf, leise trat eine kleine, gelbe Gestalt herein und flüsterte ihr zu: »Das ist nicht so schlimm, Mutter, hier bring ich dir einen Topf voll Geld. Wenn du es mir wiederbringen willst, dann ruf nach Kullerjahn!«

Das tat sie dann auch, sobald es ging. Im Berg ließ sich eine tiefe Stimme vernehmen: »Bullerjahn hat Kullerjahn totgeschlagen.« Da konnte sie das Geld behalten.

Ähnliches widerfuhr einem Mann, dem die Kuh krepiert war und der sich keinen anderen Rat wusste, als von Haus zu Haus zu laufen und

um Geld zu bitten, damit er sich wieder eine Kuh kaufen konnte. Auch bei ihm war Gälknoeker mit einem Topf voll Geld erschienen. Nach einem Jahr erst sollte es der Bauer zurückzahlen. An den Berg sollte er kommen und laut »Hurra!« rufen.

Als das Jahr um war, ging der Bauer zum Hügel auf dem Blankenhagener Feld und rief aus Leibeskräften ein ums andere Mal: »Hurra!« Endlich fragte eine Stimme, was er wolle. »Ich will das Geld wiederbringen!« Darauf kam der Bescheid: »Das Geld kannst du behalten, Burra hat Hurra totgeschlagen!«

So ging er mit dem Geld wieder heim. Andere Leute, denen er später davon erzählte, meinten dazu, Gälknoeker sei wahrscheinlich vom Blitz erschlagen worden.

Das Wahrzeichen am Rostocker Steintor

$\mathcal{E}$s war im Jahre 1314. Rostock lag im Streit mit dem Landesherrn, Heinrich dem Löwen. Im ersten Jahrhundert ihres Bestehens war die Stadt dank dem Fleiß und der Tüchtigkeit der hier ansässigen Seefahrer, Kaufleute und Handwerker schnell zu einem bedeutenden Ostseehafen aufgestiegen. Nun machte der Landesherr mit Nachdruck seine Rechte geltend. Er wollte gehörig teilhaben an der Blüte von Handel und Wandel. Rostock sollte auf keinen Fall zu mächtig werden.

Als Heinrich der Löwe in Verhandlungen nicht zum Ziel kam, verlor er die Geduld und zog mit einer starken Streitmacht vor die Stadt. In wochenlanger Belagerung versuchte er, die Rostocker auszuhungern, aber noch hatten sie einige Vorräte und hielten beharrlich stand, bis es einem Spion der Belagerer gelang, einen Verräter zu finden. Ausgerechnet ein Bürgermeister war es, der sich für reichlich klingende Münze dazu hergab, den Truppen das Eindringen in die Stadt zu erleichtern.

Tatsächlich glückte es zu nächtlicher Stunde. Als sich die Rostocker am Morgen den Schlaf aus den Augen rieben, sahen sie bestürzt, dass

sie überrumpelt worden waren. Doch dann wollten sie wissen, wem sie
die Schmach verdankten.

Sobald wieder Ruhe in der Stadt war, kamen sie dem Bürgermeister
hinter die Schliche, und zornig legten sie ihn in Ketten. Nun redeten
sie sich die Köpfe heiß. Gab es überhaupt eine Strafe, die hart genug war
für den elenden Verräter?

Man schleppte ihn schließlich zum Mauerturm, der damals dicht am
Steintor stand, hinter den Häusern der Neuen Wallstraße (der heutigen
Ernst-Barlach-Straße), und legte ihm um Hals, Arme, Brust und Füße
starke Eisenringe, die man ans Mauerwerk anschloss, so dass er dort
festhing. Nur die Hände konnte er bewegen und zum Mund fuhren. Zu
essen bekam er aber nichts weiter als jeden Tag ein kleines Rundbrot für
einen Schilling und ein wenig Wasser. Bei dieser kärglichen Nahrung
ging er bald zugrunde und starb.

Manche Bauwerke Rostocks sind mit Sinnsprüchen und Sinnbildern
geschmückt, auch das Steintor, ein wichtiges mittelalterliches Stadttor.
Nebeneinander sind hier die drei Wappen zu sehen, die im Laufe der
Zeit in Rostock verwendet wurden. Über der Wappenreihe befindet

sich eine kleine Plastik, das Brustbild eines gefesselten Mannes, der mit der Linken etwas hält, das wie ein Rundschild aussieht, jedoch ein rundes Schillingbrot sein soll – das Ganze eine Erinnerung an jenes grausige Ereignis.

Daher mahnt unter Rostocks Wappen eine lateinische Inschrift: Sit intra et concordia et publica felicitas. Zu deutsch: Eintracht walte und öffentliches Wohl innerhalb deiner Mauern!

Der Name Doberan

*W*estlich von Rostock liegt inmitten bewaldeter Höhenzüge die Stadt Bad Doberan. Ihr Wappen zeigt einen springenden Hirsch, darunter einen Schwan auf silbernen Wellen und dazwischen den liegenden Stab eines Abtes. Eine Sage erzählt davon: Als vor über achthundert Jahren das Kloster im benachbarten Ort Althof nach erbittertem Kampf zwischen Gegnern und Anhängern des römisch-katholischen Glaubens in Trümmer sank, sollte in demselben anmutigen Wiesental westlich des Flusses Warnow ein neuer Klosterbau aufgeführt werden. Das wurde zwischen den Zisterziensermönchen und dem Fürsten Borwin vereinbart. Nur über den genauen Ort im Talgrund kam es zu keiner Einigung, bis der Fürst beschloss, dort bauen zu lassen, wo er den ersten Hirsch erlegen würde.

Mit lautem Hörnerschall begann die Jagd. Bald hatte die kläffende Meute einen gewaltigen Hirsch aufgeschreckt. Hartnäckig verfolgte ihn der Fürst und brachte ihn schließlich zur Strecke, aber gerade in dem sumpfigsten, undurchdringlichsten Gebiet des ganzen Tals. Nun waren die Mönche erst recht ratlos, denn es wäre viel günstiger gewesen, das Gebäude auf festem, sicherem Grund zu errichten.

Wie sie nun standen und berieten und wieder nicht aus noch ein wussten, erhob sich neben den Jägern ein wilder Schwan in die Luft und stieß schrille Schreie aus: »Dobr, dobr – dobr, dobr!«

Da dieses Wort in der Sprache der slawischen Bewohner »gut« bedeutete, nahmen es die Mönche gleich wieder als ein gutes Zeichen und fügten das Wort »an« hinzu, das soviel wie »Platz« hieß. Dann gingen sie an diesem »guten Platz« ans Werk. Aber bevor sie mit dem Bau beginnen konnten, musste das sumpfige Gelände trockengelegt, mussten Buchen gerodet werden. Es war eine mühevolle Arbeit, die die Mönche und ihre Helfer vollbrachten.

Später war das Kloster eines der reichsten in Mecklenburg, da die Bauern immer mehr Abgaben und Dienste zu leisten hatten. Im Jahre 1552, im Verlauf der Reformation, mussten die katholischen Mönche die Stadt ihres Glaubens verlassen.

Heute erinnert die in besonderer Schönheit erhaltene Klosterkirche noch an jene Zeit. Eng mit der Sage verknüpft, befindet sich an einem Pfeiler des Chorumgangs ein alter Hirschschädel mit mächtigem Geweih, und an dem Bach nahe bei der Kirche steht auf einem Postament das steinerne Abbild des Schwans von Doberan, gerade an der Stelle, wo einst der wilde Schwan seinen Ruf erschallen ließ.

Die Legende vom Heiligen Damm

Zu der Zeit, als der Bau des Klosters Doberan eben vollendet war, bedrohte eine Sturmflut das Werk. Weite Küstenabschnitte hatte die tobende See bereits verschlungen, und sie ergoss sich immer tiefer ins Land hinein.

Die Mönche von Doberan sandten inbrünstige Gebete zum Himmel. Doch dann besannen sie sich auf ihre eigene Kraft. Gemeinsam mit den Siedlern warfen sie Erdwälle auf und legten gefällte Baumstämme als Barrieren davor.

Aber das entfesselte Element war stärker. Mit Sturm und Blitz und Donner brauste in der nächsten Nacht ein entsetzlicher Orkan über das Land, und die wild wogenden Fluten rissen alle Dämme fort, verheerten den ganzen Landstrich. Die Mönche waren am Verzagen, denn noch eine solche Nacht würde das Verhängnis über das Kloster bringen.

Spät abends wütete der Sturm mit unverminderter Gewalt. Doch in der Nacht trat plötzlich Stille ein. Überrascht schraken die Mönche auf, ängstlich traten sie hinaus und lauschten. Aber das Heulen des Sturms war verstummt. Auch das Brausen und Tosen der See war nicht mehr zu vernehmen.

Am Morgen sahen sie erleichtert, wie sich das in die Niederung vorgedrungene Wasser langsam verlief. Vom weiter entfernten Strand kam die Kunde, dass dort ein Damm entstanden war. Soweit das Auge reichte, lagen Steine, in fester Lage zusammengeschoben und aufgebaut, unendlich viele runde, glatte Steine. Hatte das Meer den Damm geschaffen? War etwa ein Wunder geschehen? Oder hatten die anstürmenden Wassermassen die vielen Steine aus der Uferwand der westlich gelegenen Steilküste herausgeschleudert und hier angespült?

Wir wissen heute, dass die Steine wirklich aus dem Steilufer stammen. Für die Mönche war das Naturereignis noch etwas Unbegreifliches. Darum nannten sie den Steinwall den »Heiligen Damm«. Seit dieser Zeit hat er das Land um Doberan vor mancher Sturmflut geschützt.

Riesen, Zwerge und Geister in der Kühlung

Es gibt wohl kaum einen Ort an der mecklenburgischen Ostseeküste, wo die Menschen früher nicht von Riesen zu erzählen wussten, die in grauer Vorzeit gelebt haben sollen. Von ihren Gräbern, die reiche Schätze bargen, gab es allerlei Geschichten. Die Hünen, wie man die

Riesen auch nannte, sollen von gewaltigem Körperwuchs und sechzig Fuß, also mehr als achtzehn Meter, groß gewesen sein. Man glaubte sogar, dass alle Höhenzüge und Berge im Land ein Werk der Hünen gewesen seien. Die Schluchten, die oft den Namen »Hölle« tragen, die zahlreichen Seen und Teiche – alles hätten die Riesen ausgehoben. Wenigstens sagt das die alte Überlieferung.

Danach konnten die Riesen auch Berge versetzen. Doch einmal hatten sie sich zu viel vorgenommen, als sie nämlich die ganze Ostsee zuschütten wollten. Sie schafften fleißig Erde herbei und hatten schon so viel davon aufgeschichtet, wie man heutzutage an den Hügeln der Kühlung sieht, einem bewaldeten Höhenzug südlich vom Ostseebad Kühlungsborn, das nach ihm seinen Namen erhalten hat.

Eines Morgens, als die Riesen wieder von allen Seiten Schürzen voll Erde heran schleppten, kamen sie jedoch überein, von ihrem Vorhaben abzulassen, denn sie hätten an vielen Stellen so viel Erdreich wegnehmen müssen, dass dort neue Seen entstanden wären. Das wollten sie nicht, die Ostsee sollte bleiben! Ein Riese sagte es dem anderen weiter, und – plumps! – alle Riesen leerten zum letzten Mal die Schürzen. Sie ließen die Erde liegen, wo sie nun einmal lag. Aus jeder Schürze Erde entstand an der Nordseite der Kühlung einer der zahlreichen kegelförmigen Hügel. Wer sie zählt, der ahnt, wie viele Riesen hier einst am Werk gewesen sein mögen.

Später, als die Riesen längst ausgestorben waren, nisteten sich die kleinen Unterirdischen in den vielen Schlupfwinkeln der Kühlung ein. Auch von ihnen wurde manches wunderliche Stücklein berichtet.

Zwei Bauern aus Unterhagen, das später Brunshaupten hieß und heute ein Teil von Kühlungsborn ist, zogen einmal mit dem Hakenpflug lange Furchen um einen Hügel auf ihrer Feldmark. Seine steile Seite wurde allenthalben »Speisekammer« genannt, weshalb, das wusste kein Mensch. Es war lediglich bekannt, dass es dort »umgehen« sollte, vor allem in der Mittagsstunde, so dass der Ort um diese Zeit gemieden wurde.

Die beiden pflügenden Bauern hatten auch davon gehört und hielten zuweilen an, um zu lauschen, ob der Ton der Mittagsglocke zu hören war.

Er musste ihnen aber entgangen sein, denn wie der eine Bauer wieder an der Speisekammer vorbeikam, nahm er einen lieblichen Duft wahr.

»Schnell, Nachbar, kommt her!«, rief er. »Hier riecht es nach einem prächtigen Mahl, wie ich es mein Lebtag nicht gegessen habe.«

Die beiden Männer traten näher an den Abhang heran – da stand vor ihnen wirklich eine Schüssel mit köstlichem Braten und feinstem Gemüse, und blankes Silberbesteck lag dabei. Staunend betrachteten sie das dampfende Essen, und da sie einen ordentlichen Hunger hatten, langten sie kräftig zu.

Als die Schüssel bis auf den Grund geleert war, sagte der eine Bauer satt und zufrieden: »Schönen Dank auch!« Er legte einen Schilling in die Schüssel und wandte sich seinen Pferden zu. Der andere aber schüttelte über den Nachbarn nur den Kopf, nahm den Schilling wieder heraus und steckte ihn ein.

Was ihm für den schnöden Undank geschah? Von einem Tag zum anderen fühlte er sich elend und schwach, und bald kam er so von Kräften, dass er sich kaum mehr auf den Beinen halten und nur noch das Nötigste zum Leben schaffen konnte. Der andere Bauer dagegen lebte gesund und froh seinen Tag.

Auf der Landstraße, die von Kröpelin über Diedrichshagen nach Kühlungsborn führt, war einmal ein Wanderer, kaum dass er den Wald erreicht hatte, vom Weg abgekommen. Es dunkelte bereits, aber ihm war nicht bange. Er wusste, dass er nur immer in gerader Richtung quer durch die Kühlung zu gehen brauchte, um nach Brunshaupten zu gelangen. Indessen wanderte er stundenlang hügelauf und hügelab. Der Wald wollte kein Ende nehmen.

Mittlerweile war es stockfinster geworden. Endlich ein Licht! Der Wanderer hielt darauf zu und schritt rüstig aus. Doch kein Haus war es, was er da erreichte, vielmehr eine riesige Tafel, die mitten im Wald aufgestellt war. Mehr als hundert Menschen saßen daran und ließen sich's wohl sein bei Speise und Trank. Aber sonderbar, so beherzt sie auch zulangten und die Becher hoben, um sich zuzutrinken, alles geschah ohne den geringsten Laut. Manche Leute an der Tafel kamen dem Wanderer bekannt vor, andere hatte er noch nie gesehen.

Einige hatten den Ankömmling bemerkt und winkten ihn heran. Durstig und hungrig vom langen Marsch, nahm er an der Tafel Platz, und über den ausgesucht feinen Leckerbissen und dem guten Wein hatte er seine Verwunderung über die stumme Gesellschaft, die ihn umgab, schnell vergessen.

Alsbald überkam ihn eine bleierne Müdigkeit. Während er noch in der Rechten einen goldenen Pokal mit Wein hielt, sank ihm schon der Kopf auf die Brust.

Er schlief lange und tief. Als er die Augen aufschlug, war es heller Tag. Verwundert suchte er die üppige Tafel von der Nacht, suchte seinen Stuhl, denn er saß auf moosigem Waldboden, gestützt auf einen morschen Baumstumpf. Das Tischtuch war eine alte Kuhhaut. Statt des goldenen Pokals hielt er einen Kuhfuß in der Hand.

War alles nur ein Traum gewesen? Aber er fühlte sich noch immer angenehm satt. Auch den Geschmack des süßen, schweren Weins spürte er noch auf der Zunge. Eine Weile sann er hin und her. Dann sprang er hoch, schleuderte den Kuhfuß fort, nahm hurtig seine Wanderung wieder auf und hatte binnen kurzem den Wald in seinem Rücken.

Nicht weit vom Diedrichshäger Berg, am Südrand der Kühlung und noch im Wald, erhebt sich der Schlossberg, der in alter Zeit das Schloss Gammelin getragen hat. Man sagt, die letzte Bewohnerin sei ein schönes Jungfräulein namens Sarah gewesen. Einst habe sie einen Freier abgewiesen. Da dieser ein großer Zauberer gewesen sei, habe er sie verwünscht und das Schloss in die Tiefe sinken lassen. Schön-Sarah soll seit jenem Tag dort unten wohnen. Diener und Untertanen hätten sie verlassen, nur ein Mädchen sei in ihren Diensten geblieben.

Dass sie mitunter auch ans Tageslicht kam, erfuhr ein Kuhhirte aus Wittenbeck, der dicht an der Kühlung sein Vieh weiden ließ. Plötzlich trat Schön-Sarah auf ihn zu und bat ihn, er möge ihre beiden Kühe, die auf die Namen Rörick und Brünick hörten, in seiner Herde mithüten. An gutem Lohn solle es nicht fehlen, versprach sie, als der Hirte zögerte. Da sagte er zu, und nun kamen jeden Morgen Schön-Sarahs Kühe aus dem Wald und zogen mit seinen Tieren über die Weide. Um die Mittagszeit stand auf einmal ein Mädchen mit weißer Schürze am Waldrand. Es trug einen Melkeimer und rief: »Rörick! Brünick!«

Die Kühe gehorchten auf der Stelle und liefen zu dem Mädchen. Nach dem Melken schlossen sie sich wieder der Herde an, während das Mädchen in den Wald zurückkehrte und in eine verborgene Öffnung am Abhang des Schlossberges eintrat. Am Nachmittag holte sich der Hirt bei einem ganz bestimmten Stein nahe am Wald sein Vesperbrot und eine Kruke Bier. Am Johannistag lag dort zu seiner Freude auch der Hütelohn.

So ging es Jahr um Jahr. Der Vertrag wurde von beiden Seiten getreulich eingehalten, bis ein neuer Hirt die Wittenbecker Herde übernahm. Bei ihm hat sich Schön-Sarah nicht mehr sehen lassen.

Das Flötenmädchen

Im Jahre 1298 kam über den Ort Alt Gaarz (der heute Rerik heißt) großes Unheil. Tagelang wehte im Juni heißer Wind von Süden und wirbelte so viel Sand und Staub vor sich her, dass die Menschen kaum ihre Wohnungen verlassen konnten. Sie warteten sehnlichst, dass sich der Wind drehen und ihnen vom Meer Kühlung bringen würde. Doch nichts dergleichen geschah. Dafür erhoben sich eines Nachmittags ungeheure Schwärme geflügelter Insekten aus der See und überzogen den Ort wie mit einem dichten Schleier. Immer neue Schwärme folgten, bald hingen Bäume und Büsche voll davon. Alle Vögel und die Hühner der Bauern, die zuerst gierig nach den Insekten schnappten, konnten sich ihrer nicht mehr erwehren, und als sich ganze Insektenwolken herabsenkten, wurden sie getötet.

Die Insekten hatten buntschillernde, durchsichtige Flügel und raupenähnliche Leiber. Man erkannte sie als Seelibellen, die sonst nur vereinzelt vorkamen. Diesmal wurden sie zur unerträglichen Plage. Bange Verzweiflung erfüllte die Alt Gaarzer. Als sich am Abend die Altväter des Dorfes trafen, um gemeinsam zu beraten, was zu tun sei, wusste keiner einen Ausweg aus der Not.

Am anderen Morgen war alles wie zuvor: Staub und schwüler Wind, die Insekten wichen nicht, die Menschen waren ratlos und verzweifelt.

Am Ende des Dorfes wohnte eine arme Witwe mit ihrer kleinen Tochter, einem zarten und stillen Kind. Nur einen Spielgefährten hatte die Kleine, einen Fischerjungen, der ihr beim Schafehüten eine Flöte geschnitzt hatte. Diese Flöte war ihr liebstes Spielzeug. Süße, wundersame Melodien entlockte sie ihr.

An jenem Morgen, als die Insektenplage immer größer wurde, öffnete sich die Tür des Häuschens, und die Kleine trat heraus, in der Hand die Flöte. Sie setzte sie an die Lippen und blies eine liebliche Weise. Hin und wieder setzte sie die Flöte ab und sang leise: »Litt, litt, litt, litt – kommt alle mit!«

Durch das ganze Dorf ging das Mädchen und über die Wiesen zum Strand. Da geschah etwas Wunderbares. Die Libellen lösten sich von Büschen und Bäumen, von Gräsern und Blumen, sie kamen aus Häusern und Ställen, und in dichten Schwärmen folgten sie der Kleinen und ihren lockenden Melodien. Die leise plätschernden Meereswellen netzten ihr schon die nackten Füße, als sie stehenblieb und sich umsah. Die Libellen, eine große, dunkle Wolke inzwischen, umschwirrten sie noch immer.

Nicht weit von ihr saß in einem Boot ihr Freund, der Fischersohn. Nach kurzem Bedenken lief die Kleine zu ihm, stieg ins Boot und bat ihn hinauszurudern. Sobald sie ein Stück vom Land entfernt waren, setzte sie die Flöte an und spielte wieder die süße, lockende Weise.

Immer weiter fuhren die Kinder hinaus. Die Libellen folgten ihnen. Ganze Schwärme gingen in den Wellen unter.

Die Bewohner von Alt Gaarz hatten mit Staunen das Geschehen vom Ufer aus verfolgt. Der Wind hatte sich endlich nach Osten gedreht und brachte die ersehnte Abkühlung. Doch nun war das Boot mit den Kindern nicht mehr zu sehen. Als es am Abend immer noch nicht heimgekehrt war, machten sich die Fischer auf die Suche. Gegen Morgen fanden sie es. Auf einer Sandbank vor der Insel Poel war es

angetrieben, die Kinder lagen noch in tiefem Schlaf, das Mädchen hielt die Flöte fest in den Händen.

Ein jubelnder Empfang wurde den beiden zuteil, als sie in Alt Gaarz von den Fischern an Land gebracht wurden. Von diesem Tag an nannte jeder im Dorf die Kleine voller Dankbarkeit immer nur das Flötenmädchen.

Das Teufelsgitter

*D*ie Hafenstadt Wismar, in der Wismarer Bucht gelegen, wurde 1229 erstmals als Stadt erwähnt. Im Jahre 1344 hatten die Schlosser von Wismar alle Hände voll zu tun, denn es wurden viele Schlösser und Riegel für das Innere der Marienkirche gebraucht. Die meisten waren bei Meister Velten in Auftrag gegeben worden; er galt als geschickter Handwerker und stand in gutem Ansehen. Eifrig schmiedeten und bogen, hämmerten und feilten seine vier Gesellen von früh bis spät. Da aber immer noch eine Menge Arbeit für den nächsten Tag liegenblieb, griff auch der Meister kräftig zu. So kam es, dass Mechthild, seine Tochter, in der Mittagszeit oft vergebens zum Essen rief. Sie musste schon selbst in der Werkstatt erscheinen, um die Männer zur Mahlzeit zu bitten. Dann freilich ließen die Nimmermüden die Arbeit ruhen und folgten ihr gern. Mechthild war reizend anzusehen, und ihr Wesen war frisch und natürlich. Jeder, der sie anblickte, war ihr gleich herzlich zugetan. Sie war das einzige Kind des Meisters und sein ein und alles. Seit dem Tod der Mutter versorgte sie Küche und Haus.

Kurt, einer der Gesellen, war dem Meister besonders ans Herz gewachsen. Vor Jahren hatte der Meister ihn, dem die Eltern früh gestorben waren, zu sich genommen. Da Kurt sich anstellig und fleißig zeigte und auch handwerkliche Fertigkeiten erworben hatte, war er Geselle geworden. Kunstreiche Schlösser ersann er schon frühzeitig wie kaum ein anderer, so gut kannte er sich in seinem Fach aus.

War er aber bisher mit einem fröhlichen Lied bei den Schlössern und Riegeln gewesen – nun schien er wie verwandelt zu sein. Er war zwar fleißig wie zuvor, doch derart in sich gekehrt und so einsilbig, dass keiner mehr eine Frage an ihn richten mochte. Nur wenn Mechthild die Werkstatt betrat, schaute er auf und warf ihr einen schnellen, verlegenen Blick zu.

Das war es, was ihn plagte: Vor einem Jahr hatte er ihr seine Zuneigung gestanden, und sie hatte ihn auch nicht abgewiesen. Am Morgen darauf war der Meister an seinen Arbeitsplatz getreten und hatte in barschem Ton gesagt: »Kurt, du bist mir wert als tüchtiger Geselle, aber meine Tochter ist für dich zu hoch gewachsen. Oder kannst du vielleicht hundert Gulden mitbringen, wenn es ans Freien geht?« Der Geselle hatte nur traurig den Kopf gesenkt, und der Meister hatte gesagt: »Na also, ich wusste es. Schlag dir das Mädchen aus dem Sinn, je schneller, desto besser, und wenn nicht, musst du aus meinem Haus!«

Das war unmissverständlich. Aber so leicht gab Kurt nicht auf. Während er sich über seine Schlösser beugte, grübelte er unablässig, wie er zu dem Geld kommen konnte, denn dann wäre alles gut.

Am Sonntag ging er hinaus über die Felder. Wieder gab es nur einen Gedanken für ihn: Wie sollte er es anfangen, hundert Gulden zu bekommen? Wer konnte ihm dazu verhelfen?

Inzwischen hatte er den Galgenberg erreicht. Unvermutet klopfte ihm jemand von hinten auf die Schulter, er fuhr zusammen.

Ein Fremder, fein gekleidet, sah ihn durchdringend an und sprach: »So traurig, junger Freund? Ihr habt Liebeskummer, nicht wahr, das ist es, was Euch quält? Nun wohl, ich kann's verstehen. Aber sagt, kann ich Euch behilflich sein? Nur immer heraus mit der Sprache!«

Diese Worte blieben nicht ohne Wirkung. Kurt fasste sich ein Herz und redete sich allen Kummer von der Seele.

»Wahrhaftig, Ihr jammert mich«, sagte der Fremde nachdenklich, »aber ich glaube, wir kommen mit Eurem Meister überein.« Ungläubig blickte ihn der Geselle an. »Hört nur gut zu! Morgen werde ich bei ihm ein Gitter für den neuen Taufstein in der Marienkirche bestellen. Er wird aber die Arbeit nicht übernehmen wollen, denn ich werde verlangen, dass das Gitter aus einem Stück geflochten wird. Dann meldet Ihr Euch! Nehmt nur den Riss zur Hand und sagt: ›Mit Verlaub, Meister, ich würde mir die Arbeit wohl zutrauen.‹ Könnt Ihr sie dann vom Hahnenschrei bis in die Nacht um eins vollenden, sind hundert Gulden Euer Lohn. Gelingt es Euch aber nicht, so gehört Eure Seele mir.«

Bei diesen Worten wurde dem Gesellen beklommen zumute, denn er wusste nun, mit wem er es zu tun hatte. Doch er musste es wagen. Mit verzweifeltem Mut unterschrieb er den Kontrakt, den der Fremde im Handumdrehen ausgefertigt hatte.

Alles geschah wie angekündigt. Am Dienstagmorgen ging Kurt in aller Frühe ans Werk. So glatt war ihm kaum jemals die Arbeit von den Händen gegangen: Er glühte das Eisen, bog es zurecht, schmiedete und feilte. Er maß und verglich immer wieder genau mit der Zeichnung. Die Stunden verrannen, er merkte es kaum. Als er einmal aufsah, war es schon Abend. Hastig aß und trank er ein wenig, denn es galt jede Minute zu nutzen. Dabei spürte er nicht die geringste Müdigkeit. Seine Kräfte schienen eher zu wachsen als abzunehmen, je mehr er sah, wie das kunstvolle Gitter unter seinen Händen der Vollendung entgegenwuchs. Zehnmal schlug die Glocke vom Turm, da stellte er es am Taufstein auf. Noch waren viele Nieten einzuschlagen. Er hämmerte mit voller Kraft, dass es in dem weiten Kirchenschiff dröhnend widerhallte.

Mit Windeseile verging die Zeit. Zwölf Uhr war lange vorbei. Die letzte Reihe war fast geschafft, als der kleine Zeiger der Turmuhr auf die Eins zu rückte und sich ein lautes Getöse erhob. Wie Sturmesbrausen raste es heran. Kurt blickte nach oben. Da sah er den leibhaftigen Satan mit hämisch grinsendem Gesicht über sich schweben, in der einen Hand den Kontrakt, in der anderen einen Beutel mit klingender Münze.

Vor Schreck war dem Gesellen der Hammer entfallen. Er sah sich schon in den Händen des Bösen. In diesem Augenblick schlug die Glocke eins. Der Teufel stieß ein ohrenbetäubendes Geheul aus. Dann gab es einen schweren Fall, und der Geselle stürzte zu Boden. Gleich darauf schwand ihm das Bewusstsein.

Als er erwachte, dämmerte der Morgen. Neben ihm stand der Beutel voll Geld. Da lag auch der Kontrakt, in der Mitte durchgerissen. Meister

Velten wurde ganz kleinlaut, als er den Bericht des Gesellen vernahm und die hundert Gulden sah.

Auf der Stelle musste Mechthild kommen, und er gab die Hände der beiden zusammen. Viele Jahre lebten sie in glücklicher Ehe. Kurt fertigte noch manches meisterliche Stück Schlosserwerk. Das Gitter am Taufstein in der Marienkirche wurde unter dem Namen Teufelsgitter bald weithin bekannt. Im Laufe der Jahrhunderte wurde es immer wieder in Berichten von Reisenden erwähnt. Da die Marienkirche stark zerstört wurde, steht das Teufelsgitter, das unversehrt blieb, jetzt in der Nikolaikirche. Wer genau hinsieht, wird bemerken, dass ein Loch in der letzten Reihe ohne Niet geblieben ist.

Der Trommler von Wismar

*W*ie in vielen Städten gab es auch in Wismar einen langen unterirdischen Gang. Wie lang er eigentlich war, das wusste niemand genau zu sagen. Im Franziskanerkloster begann er, aber bis wohin führte er? Einige meinten, bis Sankt Jakob, andere bezweifelten, dass er so lang sein sollte.

Nun kam es in der Schwedenzeit wegen einer bösen Gewalttat zu einem Todesurteil gegen einen Trommelschläger. Er wurde dann zwar begnadigt, doch nur unter der Bedingung, dass er den unterirdischen Gang von Anfang bis Ende ablief und ständig trommelte, denn oben wollte man den Verlauf des Ganges nach dem Trommelschlag verfolgen.

So geschah es. Unten lief der Trommelschläger, und oben bewegte sich eine große Schar Neugieriger langsam durch die ABC-Straße und die Altböterstraße, wo die Trommelschläge deutlich zu hören waren, bis sie unter dem Markt leiser wurden und sich allmählich ganz verloren. Der Trommler kam nie wieder ans Tageslicht, und man wusste noch immer nicht, wo der unterirdische Gang aufhörte.

Um dem Rätselraten ein Ende zu machen, befahl der Stadtkommandant, den Eingang zuzumauern. Mancher hat später im Franziskanerkloster noch die Stelle gesehen, wo sich einst die Tür befand.

Wenn aber zu vorgerückter Stunde Wismarer Bürger auf dem Heimweg vom Ratskeller den Marktplatz überquerten, blieben sie zuweilen stehen und lauschten, war es ihnen doch, als hörten sie von unten leise Trommelschläge. Dann stießen sie sich an und flüsterten: »Hört ihr ihn auch, unseren Trommler?«

Von Poeler Kobolden und Hunden

*F*rüher wurde auf der Insel Poel mancherlei von Kobolden erzählt. Einen Kobold gab es in Einhusen, der fütterte immer gern die Kühe. Als ein Knecht einmal durch eine Türspalte lugte, sah er den kleinen Kerl in Kniehose und kurzer Jacke.

Auch in Seedorf hatten sie ein »Pöttermännchen« im Stall, das gab den Pferden Futter. Die Knechte konnten morgens noch so zeitig kommen, es hatte die Pferde schon reichlich gefüttert, so dass ihre Bäuche dick und rund waren. Fuhr der Bauer abends ein, ging Pöttermännchen ihm entgegen. Wenn die Pferde matt und lahm waren und über und über mit Schweiß bedeckt, dann war es betrübt und weinte. Fühlten sie sich aber wohl und gingen frisch und stramm, dann sprang es vor Freude hoch und klatschte in die Hände.

Ebenso fütterte in Neuhof ein Pöttermännchen gern die Pferde. Wer ihm dazwischenkam und in die Krippe langte, bekam heftig eins auf die Finger. Oft gab es den Pferden Hafer, den es in Wasser eingeweicht hatte. Dann schlürften die Tiere mit wohligem Behagen.

Die Hunde auf der Insel Poel genossen seit alters das Recht, am ersten Tag der Woche, an jedem Montag also, Fleisch zu bekommen. Aber einmal dachten die Bauern nicht daran und warfen ihnen am Montag – wie sonst auch – bloß Knochen hin. Doch die Hunde, klug, wie sie waren, wussten sich Rat. Sie strengten einen Prozess beim Kloster Redentin (das bei Wismar lag) an und – gewannen ihn. Darüber erhielten sie ordnungsgemäß ein Protokoll ausgehändigt.

Um das wertvolle Dokument, in dem nun ihr Recht verbrieft war, beim Zurückschwimmen zur Insel nicht zu verlieren, klemmten sie es dem größten Hund unter den Schwanz. Natürlich hob er beim Schwimmen nach alter Gewohnheit seinen Schwanz hoch. Alle waren verdutzt und konnten es kaum begreifen, dass das Schriftstück dann nicht mehr da war.

Deshalb sehen sich zwei Hunde, wenn sie sich treffen, auf der Ostseeinsel Poel oder auch anderswo, schnell einmal unter den Schwanz, denn sie glauben immer noch, das Protokoll dort zu finden.

Das Riesenpaar bei Naschendorf

*B*ei Naschendorf, das an der Straße liegt, die von Wismar nach Grevesmühlen führt, befindet sich das »Riesengrab«. Vierzig Meter lang und zehn Meter breit ist sein Hügel, fünfzig große, teilweise übermannshohe Findlinge umgeben ihn, und gekrönt wird er von den mächtigen Steinblöcken der Grabkammer.

Dieses größte Hünengrab im alten Land Mecklenburg soll nicht, wie die vielen anderen Hünengräber, von Riesen (oder Hünen) errichtet worden sein, sondern von Menschen, die sich zu jener Zeit, als hier im Wald noch ein Riesenpaar lebte, bereits in der Umgegend angesiedelt hatten. Der Riesenmann fügte ihnen aber viel Schaden zu. Wenn er spazierenging, trat er das Korn nieder. Da er auch weidende Tiere wegnahm, sannen die Menschen auf Rache und wollten ihn lebendig begraben. Sie schickten Späher aus, die sogleich Kunde brachten, als er sich einmal zum Ruhen niedergelegt hatte. Nun kamen sie mit Hacken und Schaufeln herbei, hoben neben dem fest schlafenden und laut schnarchenden Riesen eine Grube aus, wälzten ihn hinein und bedeckten ihn mit Erde.

Bald wurde der Riese von seiner Frau gesucht. Als sie endlich wusste, wo er eingegraben worden war, sammelte sie Steine in ihre Schürze und schüttete sie rings um das Grab aus. Doch an demselben Tag noch stand der Riese, für den das Grab nichts weiter als ein warmes Bett gewesen war, wieder auf und setzte sein gewohntes Leben fort, ja, er trieb es ärger als zuvor.

Eines Tages fanden ihn die Menschen wiederum schlafend an derselben Stelle wie vorher. So gingen sie aufs Neue an die Arbeit, gruben aber diesmal tiefer, damit der Riese mehr Erdreich über sich hatte und es nicht so leicht abschütteln konnte. Als er nun begraben war, wurden ihm noch einige von den Steinen, die die Frau schon herbeigetragen hatte, auf den Kopf gewälzt. Das war zu schwer für ihn, er blieb unten liegen und starb.

Da seine Frau nun sah, dass sie ihm nicht mehr helfen konnte, ging sie auf und davon. Sie ließ auch den Backofen im Stich, der in der Nähe des Riesengrabes stand und auf dem sie damals Brot gebacken haben soll. Auf niedrigen Stützen ruhen dort zwei gewaltige Steinblöcke. Bei genauem Hinsehen sind auf dem größeren Deckstein flache Vertiefungen zu erkennen. Sie werden als Opferschalen erklärt, aber auch »Elfenmühlen« genannt.

Warum Grevesmühlen auch Kreiendörp heißt

*I*n alter Zeit hatten die Grevesmühlener beim Einbringen von Heu und Korn ihre liebe Not. Sie hätten gern mehr auf die Wagen geladen, um nicht so oft fahren zu müssen. Aber dann wären viele Halme verloren gegangen, und schließlich wollte man nicht die Sperlinge damit versorgen.

Von ihrem Kummer hörte einmal ein Fremder, der in der Stadt weilte. Er erzählte einem Bürger, bei ihm daheim werde dann ein »Wäsbom« benutzt, ein »Wiesenbaum«. Das sei ein Baumstamm, dick wie ein Bein und anderthalbmal so lang wie ein Erntewagen, der werde oben auf das Fuder gelegt und unten mit Stricken an den Leiterbäumen des Wagens festgebunden. Dann gehe nicht mehr so viel verloren. Das leuchtete dem Grevesmühlener Bürger ein, und er bedankte sich für den guten Rat.

Als die Erntezeit begann, ließ dieser Bürger jedermann in der Stadt wissen, dass er ein Instrument erfunden habe, das wertvolle Dienste beim Einfahren von Heu und Korn leiste. In ein paar Tagen werde er seine Erfindung vorführen.

Zur festgesetzten Stunde eilten die Bürger hinaus auf den Acker des Erfinders. Das Instrument mussten sie sehen!

Tatsächlich wurde der Wagen so hoch beladen wie noch nie, und dann wurde der Wäsbom hinaufgebracht. Der Erfinder band den Balken aber nicht längs, sondern quer auf das Fuder. Rechts und links ragten die Enden wie ausgestreckte Riesenarme in die Luft. Die Fuhre setzte sich in Bewegung. Ab und zu fiel hinten und vorn zwar ein kleines Bund herunter, doch in der Mitte lag alles fest, und die Grevesmühlener freuten sich über die praktische Erfindung ihres Mitbürgers.

Der Wagen gelangte auch glücklich bis ans Stadttor. Dort ging es nicht weiter, denn er konnte nicht durch, der Wäsbom war im Wege. Was nun? Die Bürger standen und berieten, der Erfinder stand dabei und kratzte sich hinter den Ohren.

Die Stunden vergingen, und der Tag neigte sich. Was sollte nun geschehen? Einige Bürger rückten mit dem Vorschlag heraus, das Tor abzubrechen, man könnte es ja am Markt wieder aufbauen.

Noch während die Grevesmühlener beratschlagten, flog eine Krähe über sie hinweg und krächzte laut: »Scharp vör! Scharp vör!« (Scharf nach vorn!) Da ging dem obersten Ratsherrn ein Licht auf. Er trat zu dem Erfinder und sprach: »Holt still, min Fründ, dei Krei hett recht, scharp vör möt et sin!« (Hör zu, mein Freund, die Krähe hat recht, scharf nach vorn muss es sein!)

Jetzt verstand auch der Erfinder, was der kluge Vogel meinte. »Ja, Herr, dei Krei hett recht«, sagte er, stieg auf die Ladung und legte den Baum längs, mit dem scharfen (spitzen) Ende nach vorn. Der Wagen fuhr an, und im Nu war das Tor passiert. Die Leute staunten, wie gut ihnen der Vogel geholfen hatte, und wussten nun für alle Zeiten, wie sie den Wäsbom aufs Fuder zu legen hatten.

Bald erzählten sie weit und breit, was Krähen doch für kluge Tiere seien. Weil sie diese Vögel nicht genug rühmen konnten, wurden sie schließlich selbst »Grevsmöhlener Kreien« und ihre Stadt »Kreiendörp« (Krähendorf) genannt.

Der Name Gadebusch

Die Anhöhe in der Stadt Gadebusch, auf der seit 1570 das Schloss steht, war früher eine Insel des Burgsees. Die Stelle des Schlosses nahm damals eine Ritterburg ein, deren Bewohner die ganze Gegend in Angst und Schrecken versetzten. Sie kamen mit Booten von der Insel, legten irgendwo an, überfielen Bauern, Wanderer, Reisende, raubten und plünderten, und wer ihnen dabei in die Quere kam oder sich gar zur Wehr setzte, der wurde ohne Erbarmen niedergemacht.

Wenn die Siedler, die am Nordufer des Burgsees einen Ort gegründet hatten, die Boote des Raubritters von der Insel näherkommen sahen, riefen sie sich zu: »Gah to Busch! Gah to Busch! He kümmt!« (Geht in den Busch! Er kommt!) Sie flüchteten, so schnell sie konnten, in das dichte Ufergebüsch, um wenigstens das nackte Leben zu retten.

Aus ihrem Warnruf »Gah to Busch!« soll dann Gadebusch, der Name der Ansiedlung, entstanden sein.

Die Wittenburger Feuerprobe

*I*n Wittenburg war Feuer ausgebrochen. Starker Wind trieb die Flammen von Dach zu Dach, verzweifelt kämpften die Bürger gegen sie an. Fast die ganze Stadt wurde zu Schutt und Asche. Erst als der Wind sich legte, ließ auch der Brand nach.

Auf dem Marktplatz rief der alte, weißhaarige Stadtvogt Berner die Ratsherren und andere Bürger zu sich und sprach: »Freunde, was für ein Schicksalsschlag hat uns getroffen! Ihr habt meine Anordnungen befolgt, und ich danke Euch dafür. Seht nun zu, ob sich aus den Trümmern noch etwas bergen lässt. Dann sorge jeder nach besten Kräften für sich und die Seinen!«

Bei seinen letzten Worten war es unruhig geworden. Tobend und schreiend näherte sich eine Gruppe aufgebrachter Menschen, die einen jungen Mann mit sich schleiften. Einer rief: »Herr Vogt, wir haben den Brandstifter! In Neumanns Keller hat er das Feuer gelegt. Jetzt will er nichts mehr davon wissen, aber lasst ihn nur die Daumenschrauben spüren, es wird ihm schon wieder einfallen!«

Zitternd und bleich stand der junge Mensch vor den Ratsherren. »Elender«, wandte sich der Stadtvogt an ihn, »wie konntest du die Stadt in solches Unglück stürzen?«

Der Mann antwortete leise, aber bestimmt: »Ich habe in Neumanns Keller noch bis in die Nacht hinein gearbeitet. Von dem Feuer wurde ich ebenso überrascht wie die andern hier. Wenn ich es gelegt habe, soll meine Rechte am glühenden Eisen verbrennen!«

»Es sei!«, sprach der Vogt und ließ sofort ein Stück Eisen glühend machen. Als es hellrot glühte, packte es der Mann und hielt es, ohne eine Miene zu verziehen, hoch über die Köpfe der Umstehenden in seiner rechten Hand. Alle konnten sehen, dass er keine Schmerzen verspürte.

Durch die Reihen ging Bewegung. Rufe erschollen: »Der Hinrich ist unschuldig! Lasst ihn gehen!«

Herr Berner hob den Arm, augenblicklich trat Ruhe ein. »Ihr Bürger, um ein Haar wäre der Falsche gerichtet worden! Wir haben ein Zeichen bekommen und sind vor schwerer Schuld bewahrt geblieben.«

Das glühende Eisenstück, das der zu Unrecht Verdächtigte noch immer in der Hand gehalten hatte, war plötzlich verschwunden. Einige Wittenburger Bürger berichteten später, ein feiner, glutroter Streifen habe sich über den Köpfen der Menge bis zu einem Aschehaufen hingezogen.

Die Leute gingen auseinander. Bald fing jeder Wittenburger an, sein Haus neu aufzubauen, und ein Jahr nach der Feuersbrunst war die Stadt wiedererstanden.

Um diese Zeit war einmal ein Trupp Arbeiter beim Straßepflastern. Einer von ihnen wollte gerade eine Eisenstange unter einem Steinhaufen hervorziehen, ließ aber mit lautem Aufschrei und schmerzverzertem Gesicht sofort wieder los. »Was hast du, Jahnecke?«, fragten die anderen Arbeiter. Jahnecke stand nur da mit seiner wunden Hand und wimmerte vor sich hin. Da wies ein Arbeiter auf die Eisenstange: »Seht nur, wie das Eisen glüht!«

Neugierige kamen dazu, einer von ihnen rief erregt: »Das ist das Eisenstück, mit dem Hinrich bei der Feuerprobe seine Unschuld bewies! Das ist wieder ein Zeichen. Jahnecke und kein anderer war der Brandstifter!«

Der Mann wurde ergriffen. Einige Leute wussten noch, dass er es gewesen war, der damals den Hinrich am lautesten beschuldigt hatte. Nach anfänglichem Leugnen gestand Jahnecke die Untat ein und musste sie nun mit dem Leben büßen.

Eine Stadt ohne Stadttore

Als das Dorf Hagenow immer größer und schließlich so groß wurde, dass es nun wirklich nicht mehr als Dorf gelten konnte, da erhielt der Schulze des Ortes eines Tages ein Schreiben vom Herzog von Mecklenburg-Schwerin, in dem ihm mitgeteilt wurde, Hagenow solle von Stund an eine Stadt sein.

Auf diese Ehre waren die Hagenower nicht wenig stolz. Natürlich war ihnen klar, dass ihre Stadt nun ein Tor haben musste, mindestens einen Schlagbaum. Als sie berieten, wie sie dazu kommen könnten, fiel einem von ihnen ein, beim Schulzen von Pampow, vor dessen Hofeinfahrt, einen großen, stabilen Schlagbaum gesehen zu haben. Einige Burschen waren bereit, den Schlagbaum bei Nacht und Nebel nach Hagenow zu bringen und aufzustellen.

Das geschah dann auch, und allgemeine Zufriedenheit herrschte in der jungen Stadt. Bald darauf kam der Pampower Dorfschulze nach Hagenow, um etwas zu kaufen. Da sah er gleich seinen Schlagbaum, den er schon gesucht hatte. Um sein Eigentum zurückzuerhalten, wurde er beim Bürgermeister vorstellig. Dem war die Sache sehr unangenehm, und um den Besucher loszuwerden, schützte er dringende Amtsgeschäfte vor. Darüber geriet der Pampower in Wut. Er nannte die Hagenower »diebisches Gesindel« und den Bürgermeister »Oberspitzbube«, worauf er gewaltsam vor die Tür gesetzt wurde. Doch er fand sich damit nicht ab. Mit einem Beschwerdeschreiben wandte er sich an den Landesherrn.

Der Herzog hörte beide Parteien an und entschied: Da der Schlagbaum dem Schulzen von Pampow gehörte, muss er ihn zurückerhalten. Da der Schulze die Obrigkeit von Hagenow beleidigt hat, muss er den Schlagbaum wieder hergeben, so dass dieser bleiben kann, wo er ist. Zur Strafe für den Diebstahl aber dürfen die Hagenower nie und nimmer Stadttore aufstellen – und dabei ist es bis heute geblieben.

Der Krebs von Hagenow

Lange Zeit waren die Stadtväter von Hagenow verpflichtet, für den guten Zustand einer Brücke zu sorgen, die über die Lak, einen kleinen Bach, führte. In der Stadt wusste man auch, wie es zu dieser Verpflichtung gekommen war.

Einst hatte ein Hagenower Fischer einen ungewöhnlich großen Krebs gefangen. Da er aber noch nie ein solches Tier gesehen hatte, lieferte er es sogleich beim Bürgermeister ab. Doch sowohl dem Bürgermeister als auch dem eilig ins Rathaus gerufenen Magistrat war das Tier ebenfalls unbekannt. Nach genauer Besichtigung glaubten die weisen Herren sogar, einen Modeschneider vor sich zu haben, schließlich hatte das Geschöpf zwei Scheren bei sich.

Nun waren die Kleidungsstücke der Hagenower Ratsherren damals in keinem guten Zustand. Deshalb fand der Vorschlag, sich mit Hilfe dieses Schneiders neue anfertigen zu lassen, allgemeinen Beifall. Ein Stück Tuch war schnell zur Hand, und der Modeschneider wurde daraufgesetzt. Alsbald kroch er hierhin und dahin, wobei ihm ein Hagenower Schneidermeister mit seiner Schneiderschere folgte und das Tuch genau auf der vom Krebs gewählten Spur zerschnitt. Schließlich wurden die so entstandenen Stoffteile zusammengenäht – aber was da zustande kam, das ließ sich beim besten Willen nicht anziehen. Die Herren probierten es von dieser und von jener Seite, bis ihre Geduld erschöpft war und sie beschlossen, den angeblichen Modeschneider für seine Schandtat in siedendem Wasser zu töten. Sie warfen ihn also in einen Kessel mit Wasser. Doch als das Wasser immer heißer wurde, kroch der Krebs heraus und saß im Nu oben auf dem Balken, an dem der Kessel über dem Feuer hing.

Da schlug ein Hagenower Ratsherr vor, den Krebs in fließendem Wasser zu ersäufen. Sogleich wurde er wieder eingefangen und von der Brücke in die kleine Lak geworfen. Munter schlug das Tier im Wasser mit dem Schwanz, doch die auf der Brücke Versammelten glaubten, es zeige Todesangst, und brachen in lauten Jubel aus. Von allen Seiten

strömten nun so viele Bürger auf die Brücke, dass sie unter der Last zusammenbrach. Seit diesem Tag hatten die Hagenower Stadtväter die Pflicht, sich allezeit um die Erhaltung der Brücke zu kümmern.

Vom Boizenburger Schlossberg

Auf dem Schlossberg am Nordrand der Stadt Boizenburg, die an der Mündung des Flüsschens Boize in die untere Elbe liegt, wohnte vor langer Zeit ein Ritter. Von seiner festen Höhenburg aus waren die alte Handelsstraße, die durch die Stadt verlief, und die Elbe weithin zu überblicken.

Nichts war hier vor ihm sicher, weder zu Lande noch zu Wasser. Meldete man vom Ausguck, dass sich ein Fahrzeug näherte, so war für den Ritter und seine Spießgesellen noch genügend Zeit, sich im Hinterhalt auf die Lauer zu legen, ehe sie hervorbrachen zu Überfall und Plünderung. Im Laufe der Zeit hatte der Ritter so viel Reichtum zusammengeraubt, dass er für sein einziges Kind sogar eine goldene Wiege anfertigen lassen konnte.

Jahr für Jahr trieb er sein Unwesen, bis eines Tages eine starke Streitmacht anrückte und die Burg belagerte. Als die ersten Angreifer in den Burghof drangen, ließ er Frau und Kind durch einen unterirdischen Gang entkommen, und er versenkte seine Schätze, auch die goldene Wiege, im Burgbrunnen. Dann stellte er sich mit seinen Gesellen zum letzten Kampf, denn er wollte nicht fliehen und den Angreifern auch nicht lebend in die Hände fallen. Schließlich wurde er von herabstürzenden Trümmern der brennenden Burg begraben.

Die goldene Wiege und andere Schätze sollen noch immer tief im Schlossberg verborgen sein. Früher wurde erzählt, sie würden von Zwergen bewacht.

Einmal ging ein Schäfer aus Vierhof spät abends von Boizenburg nach Hause, als ihm in einem Hohlweg am Elbberg die Pfeife ausging.

Er suchte in allen Taschen und konnte den Schwamm für sein Feuerzeug doch nicht finden. Da – eine winzige Flamme vor einem Busch. Daneben stand ein kleiner grauer Kerl, der sich an dem Feuerchen wärmte und ihn lächelnd beobachtete. Der Schäfer bat um ein Stück glimmende Kohle, legte sie auf den Tabak im Pfeifenkopf, doch der Tabak brannte nicht an, auch beim zweiten und beim dritten Stück Kohle nicht. Ärgerlich warf der Schäfer die Kohlen weg. Schon wollte er weitergehen, als der Zwerg ihn aufforderte, die Kohlenstückchen aufzuheben und mitzunehmen, er habe sie ihm schließlich geschenkt. Der Schäfer sah, wie sie im Gras funkelten und glühten, steckte sie ein und ging weiter. Bald wurden ihm die Taschen immer schwerer. Er fasste hinein und – hielt pures Gold in den Händen.

Schnell verbarg er die Goldstücke unter einem Baum. Dann eilte er zum Hohlweg zurück, wo das Männlein noch am Feuer stand. Hastig raffte der Schäfer glühende Kohlen zusammen und füllte sich die Taschen und auch den Hut, obwohl ihn der Kleine eindringlich bat, sich mit den geschenkten Stücken zu begnügen. Doch der Schäfer konnte nicht genug von den Kohlen bekommen und schleppte alles davon.

Merkwürdig, die Last wurde immer leichter, und als er sich den Hut vornahm, griff er in trockenen Schafmist. Endlich kam er zu dem Baum mit den versteckten Goldstücken, aber auch sie hatten sich in eine Handvoll Schafmist verwandelt.

Petermännchen

*F*rüher hauste im Schweriner Schloss ein Geist, das Petermännchen, und manche Leute wussten von Begegnungen mit ihm zu erzählen. Ein Kammerdiener beschrieb das Petermännchen als kleinen, alten Mann mit Spitzbart und flottem Schnurrbart und mit einem feinen Spitzenkragen um den Hals. Unter dem hohen, breitkrempigen Hut mit Feder quollen seine dichten, grauen Locken hervor. Zu einem kurzen Rock

Schwerin das fürstl Schloß

trug es hohe Reiterstiefel mit Sporen und dazu einen Degen. Der Hausgeist wechselte die Farbe seiner Kleidung. Für gewöhnlich war sie grau,
aber bei einem bevorstehenden Todesfall schwarz und bei Kriegsgefahr
rot. So kündete Petermännchen nahendes Unglück an. Dazu sah es
überall im Schloss nach dem Rechten, vor allem nachts, wenn es mit
einer mächtigen Laterne und mit einem großen Schlüsselbund durch die
weiten Räume wanderte. Es bestrafte Spitzbuben, belohnte Treue und
Ehrliche und hatte es besonders auf fremde Eindringlinge abgesehen.

Das musste Wallenstein, bis 1630 Oberbefehlshaber der kaiserlichen
Truppen im Dreißigjährigen Krieg, erfahren. Im Jahre 1628 wurde er
Herrscher über Mecklenburg und zog mit seinem Hofstaat im Schweriner Schloss ein. Es gefiel ihm hier auch über alle Maßen, und er wollte
sich häuslich einrichten. Doch er kannte das Petermännchen noch nicht.

Ermüdet legte sich der Feldherr am ersten Abend nieder, fand aber
keine Ruhe. Der kleine Hausgeist plagte ihn die ganze Nacht hindurch.
Bald warf er polternd Stühle um, dann wieder zog er dem Schlaftrunke-
nen die Decke fort und sauste damit durchs Zimmer. Wallenstein, der
sehr abergläubisch war, befürchtete weiteres Unheil und schickte nach
seinem Vertrauten, dem Sterndeuter Seni. Dieser beruhigte ihn zwar,
doch ließ der Feldherr das Lager für die nächste Nacht vorsichtshalber
in einem anderen Schlossflügel herrichten.

Auch in der zweiten Nacht fuhr Wallenstein aus tiefem Schlaf, ein lautes Scharren hatte ihn geweckt. Im Mondlicht konnte er erkennen, dass ein kleiner Mann mit erhobenem Schwert auf ihn zukam. Er schrie auf, und in diesem Augenblick löste sich das große Bild des von Wallenstein abgesetzten Landesherrn von der Wand über dem Bett und begrub den Feldherrn unter sich. Mit gellendem Hohngelächter verschwand der Kleine – es war natürlich Petermännchen.

Durch den Angstschrei aufgeschreckt, stürzte gleich darauf der Diener herein und befreite Wallenstein von der Last des Bildes. Schon am nächsten Tag verließ der Feldherr Schwerin. Er betrat das Schloss nie wieder.

Nicht besser erging es 1806 dem General Laval, der verfügt hatte, dass von allen öffentlichen Gebäuden die mecklenburgischen Wappen heruntergerissen und durch französische Adler ersetzt wurden. Auch er, Befehlshaber der napoleonischen Besatzungstruppen, nahm sein Quartier im Schloss. Petermännchen war empört und ließ den General nicht zur Ruhe kommen. Nachts versetzte es ihm derbe Püffe und Ohrfeigen, und seine Diener neckte und peinigte es, bis sie schließlich allesamt zum Abzug rüsteten.

Über die Silberkammer des Herzogs von Mecklenburg-Schwerin mit ihren wertvollen Schmuckstücken und Geräten wachte Petermännchen besonders aufmerksam, und gerade hier kam es einmal zu einem größeren Diebstahl. Der Verdacht fiel auf einen alten Diener, der ins Gefängnis geworfen wurde. Der kleine Schlossgeist hatte zwar den Raub nicht verhindern können, jedoch den wahren Täter gesehen. Er besuchte den unschuldig Festgenommenen im Kerker und brachte ihm Speisen und warme Decken. Dem Spitzbuben aber nahm er von dem gestohlenen Silberzeug ein Stück nach dem anderen aus Taschen und Schränken. Alles streute er hinter ihm her, so dass er bald als Dieb erkannt und bestraft wurde.

Ein andermal stellte Petermännchen einen jungen Soldaten, der vor der Silberkammer Wache hielt, auf die Probe. Es hatte bemerkt, dass der Wächter mit leuchtenden Augen die vielen Kostbarkeiten betrachtete. Plötzlich stand es neben ihm und forderte den Verdutzten auf,

sich ruhig ein paar Stücke einzustecken. Der junge Mann lehnte das entschieden ab und blieb trotz wiederholten Zuredens standhaft. Das freute Petermännchen insgeheim, es lobte den Soldaten wegen seiner Zuverlässigkeit und bat ihn nach der Wachablösung um einen Dienst, der aber nicht mit Gefahr, vielmehr mit gutem Lohn verbunden sein sollte.

Der Soldat war einverstanden. Bald begann eine eigenartige Wanderung. Der Kleine führte ihn durch unterirdische Gänge und Gemächer in ein großes Zimmer. Hier reichte er ihm ein über und über verrostetes Schwert und sprach: »Du weißt mit Waffen umzugehen, mein Freund. Putze das Schwert hier nur recht blank. Auf dem Tisch findest du alles, was du dazu brauchst.«

Der junge Mann machte sich gleich an die ihm vertraute Arbeit. Sie ging ihm flink von der Hand. Bald sah die alte Waffe wieder wie neu aus, bis auf einen Rostfleck an der Spitze. Der Soldat wollte ihn noch abschleifen, als ihn ein Donnerschlag zu Boden warf und ihm die Sinne raubte.

Als er nach geraumer Zeit wie aus einem Traum erwachte und die Augen aufschlug, lag er im Schlosshof in der Nähe des Eingangs. In einer Tasche fühlte er etwas Schweres. Petermännchen hatte ihm als Lohn drei Stangen Gold zugesteckt.

Der Soldat sagte niemand etwas von seinem Abenteuer. Nach Ablauf seiner Dienstzeit kaufte er sich einen Bauernhof, nahm sich eine tüchtige Frau und kam gut voran. Erst viel später, kurz vor seinem Tod, erfuhren seine Kinder, wem sie ihr schönes Erbe eigentlich verdankten.

Ein anderer Soldat erhielt die Bestätigung von dem, was manche Leute sagten: Petermännchen sei ein verwünschter Prinz, der erlöst werden wolle. Dieser Soldat stand gerade um Mitternacht vor dem Schloss auf Posten, als Petermännchen auf ihn zukam und ihn aufforderte, seine Kräfte mit ihm zu messen. Sei das dreimal geschehen, dann sei es erlöst. Das alte Schwerin werde in aller Pracht aus dem See auftauchen, das jetzige und auch das Schloss mit dem Großherzog würden versinken.

Der Soldat sagte zu. In zwei Nächten rangen sie miteinander. Als sich der Soldat am dritten Tag ein anderes Hemd anzog, sah ein Kamerad von ihm, dass sein Körper voller brauner und blauer Flecke war. Der Soldat berichtete getreulich von den Ringkämpfen mit Petermännchen und dessen möglicher Erlösung. Der Kamerad erzählte es weiter, und noch am gleichen Tag erfuhr es der Großherzog, der den Soldaten sofort in eine andere Garnison versetzen ließ. Damit scheiterte Petermännchens Plan, und es blieb unerlöst, aber fortan bekam der Großherzog, es war Friedrich Franz II., Petermännchens Zorn zu spüren. Bald hier, bald da hockte es sich ihm auf, und der alte Großherzog musste es jammernd und stöhnend ein Stück tragen.

Das ging noch eine Zeitlang so, bis die Schwiegermutter von der Mutter des Großherzogs, der es manchen Schabernack gespielt hatte, Petermännchen verzauberte und in das Steinbild verwandelte, das im Hof des Schweriner Schlosses steht. Der kleine Schlossgeist protestierte dagegen, aber er konnte ja nicht mehr sprechen, und niemand hörte ihn.

Trotzdem lebt das Petermännchen weiter und macht sich nützlich wie ehedem – als guter Geist des Schlosses, der ganzen Stadt Schwerin, ihrer Einwohner und Besucher.

Der Bauer und der Wilde Jäger

Einst kam ein betrunkener Bauer in der Nacht aus Schwerin zurück. Sein Weg führte durch einen Wald. Er hörte die Wilde Jagd, das Gekläff der Hunde und den Ruf des Jägers: »Halte den Mittelweg! Mitten in den Weg!«... Aber er achtete nicht darauf.

Da ritt aus den Wolken ein großer, kräftiger Mann auf einem Schimmel herab. »Bist du stark?«, sagte er.

»Komm, wir wollen sehen, wer besser ziehen kann. Hier ist eine Kette. Fass an!«

Was blieb dem Bauern übrig? Er fing die Kette auf, die ihm der Fremde zuwarf, und schlang sie schnell um eine Eiche. Dem Jäger gelang es nicht, sich in die Lüfte zu erheben, so sehr er auch an der Kette zerrte.

»Hast gewiss das Ende an der Eiche da festgemacht!« Aber der Bauer war auf der Hut. »Sieh her, ich halte sie ja in den Händen.«

»Nun, so bist du mein in den Wolken!«, schrie der Wilde Jäger und schwang sich hinauf. Im Handumdrehen war die Kette an der Eiche verankert.

»Und doch hast du die Kette um den Baum geschlagen!«, rief der niederstürzende Jäger. »Nein«, sprach der Bauer, der sie schon gelöst hatte, »hier in meinen Händen habe ich sie.«

»Magst du schwerer sein als Blei, du musst nun hinauf zu mir in die Wolken!«, versetzte der Jäger grimmig und riss den Schimmel mit aller Kraft nach oben. Der Bauer hatte wieder vorgesorgt. In der Luft war ein höllisches Getöse. Hunde bellten und heulten, Wagen rasselten, Pferde wieherten und schnaubten. Die Eiche ächzte und schien sich seitlich zu drehen. Dem Bauern trat Schweiß auf die Stirn – aber der Baum hielt aus.

Es half nichts, der Jäger musste herunter. »Hast brav gezogen!«, sagte er. »Schon viele Männer wurden mein. Du hast als erster widerstanden. Dafür sollst du belohnt werden.«

Mit Hussa und Holla brauste oben die Jagd dahin. Der Bauer ging ein Stück weiter. Da fiel vor ihm ein Hirsch auf den Weg. Der Jäger erschien wieder, sprang von seinem weißen Ross und zerlegte eilig das Wild.

»Hier, Blut sollst du haben und eine Hinterkeule dazu!«

»Herr, ich habe keinen Eimer und keinen Topf«, sagte der Bauer.

»Dann zieh deinen Stiefel aus!« Der Bauer tat es, und der Jäger goss Blut hinein. »Nun wandere mit Fleisch und Blut zu Weib und Kind.«

Die Angst machte dem Bauern die Last leicht. Doch allmählich wurde sie immer schwerer, so dass er sie kaum noch zu tragen vermochte. Niedergebeugt und schweißgebadet erreichte er endlich sein Haus – und siehe, der Stiefel war nun bis an den Rand mit Goldstücken gefüllt, und die Hirschkeule war zu einem Beutel voll Silbergeld geworden.

Der Räuber Vieting

*D*er Wald am Sonnenberg zwischen der Stadt Parchim und dem Dorf Stolpe war lange Zeit der Schlupfwinkel einer Schar von Räubern. Ihre Höhle hatten die Räuber tief in einen Hügel gegraben, der bis heute nach ihrem Anführer Vietingshügel heißt, und nicht weit davon verläuft der Weg nach Stolpe.

Die Räuber hatten in ihrer Höhle eine Glocke befestigt, von der ein langer Draht, mit Zweigen und Moospolstern bedeckt, bis zu diesem Weg führte. Trat jemand auf den Draht oder fuhr ein Wagen darüber hinweg, so schlug die Glocke an. Dann ließen die Räuber alles stehen und liegen, ergriffen ihre Waffen und stürmten in den Wald. Kein Wanderer, kein Fuhrmann kam lebend davon. Die rohen Gesellen kannten kein Erbarmen. Wer in ihre Hände fiel, wurde nicht nur ausgeraubt bis aufs Hemd, er musste auch sein Leben lassen.

Das üble Treiben beunruhigte vor allem die Bürger von Parchim. Soldaten und wagemutige Männer suchten mehrmals den Wald ab, ohne jedoch die Räuberhöhle zu finden.

Wieder ertönte eines Tages die Glocke. Vieting eilte mit seinen Spießgesellen zum Stolper Weg. Diesmal war es nur ein junges Mädchen, das nach Parchim ging. Als es die Räuber niederschlagen wollten, hielt Vieting sie zurück. Er hatte Mitleid mit dem jungen Ding, das wegen ein paar Pfennigen, die es bei sich hatte, umgebracht werden sollte. Er nahm das Mädchen, es hieß Ilse, mit in die Höhle, und nun hatten die Räuber eine Hilfe für den Haushalt. Ilse weinte viel, fügte sich aber in ihr Schicksal und tat alles, was ihr aufgetragen wurde.

Nach einiger Zeit gingen die Vorräte zur Neige. Da Kaufleuten der Stolper Weg zu unsicher geworden war, blieb für die Räuber die Beute aus. Geld zum Einkaufen hatten sie zwar genug, doch wagten sie sich nicht in die Stadt. Daher wurde das Mädchen nach Parchim geschickt. Vorher musste es Vieting schwören, sofort zurückzukehren und keinem Menschen etwas von der Höhle zu erzählen.

Auf dem Weg hatte Ilse nur einen Gedanken: Sie musste freikommen, und den Räubern musste das Handwerk gelegt werden. Als sie die Stadt erreicht hatte, wusste sie endlich, wie es angefangen werden konnte. Sie füllte ihren Korb mit allem, was sie besorgen sollte. Aber auch eine große Tüte Erbsen kaufte sie, dazu hatte sie keiner beauftragt. Beim Stadttor blieb sie am Schlagbaum stehen und sprach vor sich hin:

»Slagbom, ick klag di,   (*Schlagbaum, ich klag dir,*
Vieting, de plagt mi.   *Vieting, der plagt mich.*
Wenn du mi helpen wist,   *Wenn du mir helfen willst,*
folg mi up de Arwten nah.«   *folg mir auf den Erbsen nach.*)

Der Stadtsoldat, der den Schlagbaum öffnete, hatte aufmerksam zugehört. Er beobachtete dann, wie das Mädchen beim Davongehen Erbsen fallen ließ und meldete alles dem Stadthauptmann. Ein Trupp bewaffneter Männer folgte alsbald der Erbsenspur und erreichte die Höhle. Nach kurzem Handgemenge wurden die Räuber gefesselt nach Parchim gebracht und für ihre vielen Untaten öffentlich hingerichtet. Ihre Höhle wurde zugeschüttet. Später erinnerte nur noch eine kleine, kraterförmige Einbuchtung auf dem Vietingshügel daran, dass hier einmal der Unterschlupf einer Räuberbande war.

Die Unterirdischen bei Peckatel

Einige tausend Schritt von dem Dorf Peckatel bei Schwerin entfernt erhoben sich früher drei Hügel. In dem einen, dem Rummelsberg, sollen Unterirdische gewohnt haben, die hin und wieder auf diesem Hügel zu Speise und Trank an einer steinernen Tafel erschienen seien. Dazu liehen sie sich einen Kessel und andere Geräte aus den anderen Hügeln. Das Getränk wurde in einem kostbaren Wagen um den Steintisch gefahren.

Eines Tages sah ein Junge aus Peckatel die zierlich gedeckte Tafel und nahm ein Messer mit. Nun konnte die Tafel nicht verschwinden. Als der Vater des Jungen das sonderbar gearbeitete Messerchen sah und vernahm, woher es stammte, ließ er es auf der Stelle zurückbringen. Da versank die Tafel im Berg und wurde nicht wieder gesehen.

Im Jahre 1843 wurde in dem mittleren der drei Hügel nach Altertümern gegraben. Dort fand sich tatsächlich ein Bronzekessel auf vierrädrigem Fahrgestell. (Er gehört heute zu den berühmtesten Ausstellungsstücken des Museums für Ur- und Frühgeschichte in Schwerin.) 1845 wurde auch der Rummelsberg untersucht. Zum Erstaunen der Teilnehmer kam hier eine aus Feldsteinen aufgeschichtete Tafel zum Vorschein. Die Erinnerung an das, was vor Jahrtausenden einmal Wirklichkeit gewesen war, hatte sich in Gestalt einer Sage bis in die Gegenwart erhalten.

Das Gewitter

Während einer lang anhaltenden Dürre kamen einmal die Bauern des Dorfes Brenz bei Neustadt-Glewe zusammen. Die Not auf ihren Feldern war groß. Bei der Beratung hatten sie den Gedanken, für gutes Geld ein Gewitter zu besorgen. Einer von ihnen erhielt einen Zettel mit dem Auftrag, es aus der Apotheke in Neustadt-Glewe zu holen. Er machte sich auf den Weg und brachte auch in der Apotheke sein Anliegen vor. Nach einigem Warten erhielt er eine verschlossene Schachtel mit dem ausdrücklichen Hinweis, sie erst zu öffnen, wenn er in Brenz angekommen sei.

Der Bauer stärkte sich in einem Gasthof und trat dann den Heimweg an. Bald konnte er seine Neugier nicht mehr zügeln. Er nahm die Schachtel aus der Rocktasche und hielt sie, weil er nichts Besonderes entdecken konnte, dicht ans Ohr. Ein leises Summen und Brummen war zu hören. Nun musste er den Deckel ein wenig heben – und schon kam ein Käfer herausgekrabbelt und flog munter davon. Der Apotheker hatte einen »Schorfeber« mitgegeben, so wird hier der Mistkäfer genannt. Der Bauer aber, nicht wenig aufgeregt, weil ihm das Gewitter ausgerückt war, rief lauthals hinterher: »Ümmer na Brenz rüm, na Brenz!« (Immer nach Brenz hin, nach Brenz!).

Am gleichen Tag bekamen die Brenzer wirklich noch ein Gewitter mit starkem Regen und waren heilfroh, dass die Dürre nun ein Ende hatte.

Findenwirunshier

Zwei Brüder hatten den Müllerberuf erlernt. Als Gesellen gingen sie zusammen auf Wanderschaft. Wo es ihnen zusagte, blieben sie eine Zeitlang und arbeiteten fleißig, bis sie ein gutes Stück Geld verdient hatten, dann ging es weiter.

Bald kamen sie in eine große Stadt, in der gerade ein Fest gefeiert wurde. Im Gedränge vieler fröhlicher Menschen auf den Straßen verloren sie sich aus den Augen. Stundenlang suchte einer den anderen, aber vergeblich. Jeder musste allein übernachten und am Morgen schweren Herzens auch allein weiter wandern.

Jahre waren vergangen, als eines Tages an einem Kreuzweg bei der Stadt Dömitz zwei Wanderburschen zusammentrafen. »Finden wir uns hier?« riefen sie fast zu gleicher Zeit und sanken sich in die Arme – die beiden Brüder waren nach langer Trennung wieder vereint.

Zur Erinnerung an das glückliche Ereignis errichteten sie am Kreuzweg eine Mühle mit dem Namen »Findenwirunshier«. Im Laufe der Jahre entstand hier ein kleiner Ort, der noch immer diesen Namen trägt.

Die Zwerge bei Parchim

*F*rüher standen in der Nähe des Dorfes Malchow bei Parchim drei große, uralte Eichen. Man erzählte, dass in ihren Wurzeln drei Zwerge hausten. Wurden sie spät abends oder ganz früh, vor Tagesanbruch, in ihrer Ruhe von einem vorbeifahrenden Fuhrwerk gestört, so verließen sie ihre Höhlen, bestiegen den Wagen und fuhren bis zum Dorf oder zur Grenze der Malchower Feldmark mit. Sobald sie auf dem Fahrzeug saßen, wurde es bleischwer, ob es beladen war oder nicht. Die Räder mahlten im Sand, die Pferde keuchten und schwitzten und kamen nur noch mühsam voran. Deshalb mieden die Malchower den Weg um diese Zeit, doch kamen zuweilen Fremde nichtsahnend dort vorüber.

So fuhren an einem Herbstmorgen zwei junge Knechte aus Garwitz zeitig nach Parchim. Bei den Eichen bemerkte einer von ihnen drei putzige kleine Kerle in grauen Hosen, roten Jacken und bunten Zipfelmützen. Wieselflink kamen sie von den Bäumen her angelaufen. Im nächsten Augenblick saßen sie auch schon auf. Der Wagen fuhr nur noch im Schneckentempo, die Räder sanken tief ein, die Pferde prusteten und stampften, als hätten sie eine Riesenladung zu ziehen. Der eine Knecht mühte sich ab, um mit Peitschenhieben und lautem Fluchen die Pferde anzutreiben. Der andere aber fiel ihm in den Arm mit den Worten: »Wat sleihst du dor? Hier kumm her un slah!« (Was schlägst du da? Hier komm her und schlag!) Er holte mit einem Kreuzdornstock aus und schlug auf die Zwerge los. Die verfügten zwar über geheime Kräfte, aber gegen einen Kreuzdorn waren sie machtlos. Mit lauten Klagerufen sprangen sie vom Wagen und verschwanden so schnell wie sie gekommen waren.

Seitdem wagten sie sich nie wieder auf ein Fuhrwerk der Menschen. Aber noch lange sollen sie unter den drei Eichen gewohnt haben. Pferdejungen, die dort abends ihre Tiere hüteten, erzählten, dass sie sie in ihren bunten Jacken und Mützen gesehen hätten. Erst nachdem die Eichen gefällt waren, blieben die Zwerge für immer fort.

Die Knüppel an den Sternberger Toren

*A*ls in Sternberg noch drei Stadttore standen, das Pastiner, das Luckower und das Kütiner Tor, hing an jedem ein starker Eichenknüppel. Diese Knüppel galten als Wahrzeichen der Stadt, und das hatte seinen Grund.

Einst wurde Sternberg von feindlichen Truppen belagert. Die Bürger setzten sich nach Kräften zur Wehr. Da ihre Stadt gut befestigt war, schlugen sie die Angreifer mehrmals zurück. Aber der Feind schickte immer neue Truppen vor. Angesichts dieser Übermacht sank den Sternbergern der Mut. Sie bereiteten die Übergabe der Stadt vor.

Als jedoch die Frauen erfuhren, dass ihre Männer den Feinden die Tore öffnen wollten, da griffen sie sich Stöcke und derbe Eichenknüppel und trieben die Männer in die Bastionen zurück. Nun setzten die Männer den Kampf fort und hielten tapfer aus, bis die Dunkelheit hereinbrach und die Feinde den Ansturm aufgaben und abzogen.

Am nächsten Tag befestigten Frauen an den Toren mit eisernen Ketten drei Eichenknüppel, die dann noch lange daran erinnerten, dass in einem gerechten Kampf mit Mut und Entschlossenheit auch ein überlegener Feind besiegt werden kann.

Die Prinzessin vom Glammsee

*V*or langer Zeit standen bei der Stadt Warin zwei Burgen, die eine Burg auf dem Buchenberg, die andere, die Glammburg, nicht weit davon als Wasserburg im gleichnamigen See.

Der Ritter auf dem Buchenberg war ein berüchtigter Räuber. Reiche Schätze sollte er angehäuft haben. Einmal versammelten sich die Ritter der ganzen Gegend am Buchenberg, um dem Räuber einen gehörigen Denkzettel zu erteilen.

Der Raubritter hatte ihr Eintreffen jedoch bemerkt, und er beschloss, ihnen zuvorzukommen. In der Nacht vor dem geplanten Angriff überfiel er mit seinen Kumpanen das Lager. Einige seiner Gegner flohen, die übrigen wurden niedergeschlagen, darunter der Seekönig von der Wasserburg im Glammsee.

Am nächsten Tag trafen alle, die durch Flucht ihr Leben gerettet hatten, wieder zusammen. Sie errichteten neun große Grabhügel für die Toten. Die Königstochter weinte bitterlich am Grab des Vaters, und sobald ihre Tränen die Erde berührten, wurden sie zu blauen Blumen. In der folgenden Nacht, es war die Johannisnacht, kurz nach der Sommersonnenwende, stürzte sie sich vor Verzweiflung in den Glammsee. Auch später wollen Leute in der Johannisnacht die Prinzessin noch gesehen haben, wie sie auf einer kupfernen Brücke über dem See erschien und mit lauter Stimme um Erlösung flehte.

Der Steintanz bei Boitin

*I*n der Gegend südlich der Stadt Bützow stehen im Wald zwischen den Dörfern Dreetz und Boitin dicht beieinander drei Steinkreise und in der Nähe noch ein vierter Kreis. Einige Steinblöcke sind mannshoch, einer wird »die Kanzel« genannt, weil er mit einer Stufe versehen ist, ein anderer mit dreizehn kleinen viereckigen Löchern ist »die Brautlade«. Die ganze Anlage heißt schon seit langer Zeit »der Steintanz«, denn es wurde früher von einer Hochzeit bei reichen Bauern in Dreetz berichtet, die fröhlich und ausgelassen gefeiert wurde.

Der Hochzeitszug kam bis hierher, wo sich die Gäste lustig im Reigen drehten. Als einige im Übermut darauf verfielen, die mitgebrachten Brote und Würste zum Kegelspiel zu verwenden, tauchte ein alter Mann auf, der sie mit ernsten Worten mahnte, vernünftig zu sein. Doch sie lachten ihn aus und spielten weiter. Nur ein Schäfer hörte auf den Alten und ging mit seinem Hund davon. Ihm wurde geboten, sich nicht mehr umzusehen. Kurz vor dem Dorf wollte er doch noch einmal zurückblicken.

Um das Gebot einzuhalten, drehte er sich nicht um, sondern bückte sich und sah zwischen den Beinen hindurch. Da ertönte ein starker Donnerschlag. Die ganze Gesellschaft, Kegelspieler, Tänzer, die mitgeschleppte, reich gefüllte Brautlade, auch der Schäfer, sein Hund – alles war zu Stein geworden.

Der versteinerte Schäfer wurde später im Fundament einer Scheune in Boitin eingemauert. Sein Hund liegt noch da, etwa hundert Meter vom Steintanz entfernt. Es wurde dann auch erzählt, dass am Johannistag ein roter Faden aus der Brautlade heraushing, und wer so mutig war, daran kräftig zu ziehen, der konnte den Brautschatz heben. Aber keiner hat sich gefunden, der das inmitten der tanzenden Steine versuchen wollte.

Die Quittung

*I*n Katelbogen bei Bützow lebte einmal ein guter und gerechter Gutsherr, doch war seine Frau von ganz anderem Wesen. Ein Schäfer hatte von dem Herrn etwas Weideland für seine kleine Herde gepachtet, doch war er in solche Armut geraten, dass er kaum den jährlichen Pachtbetrag aufzubringen vermochte. Als der Gutsherr plötzlich starb, rief die Witwe den Schäfer zu sich und sprach: »Warum habt Ihr die Pacht für das letzte Jahr noch nicht bezahlt?«

Der Schäfer antwortete: »Herrin, ich habe dem seligen Herrn die Pacht bezahlt, es hat alles seine Ordnung.«

»Und wo ist die Quittung?« »Der selige Herr hat mir keine Quittung mehr geben können, es war kurz vor seinem Tod.«

»Ihr lügt!«, fuhr ihn die Frau erbost an. »Binnen einer Woche zahlt Ihr mir die Pacht, oder ich lasse pfänden, was Ihr besitzt!«

Der Schäfer ging traurig nach Hause, denn er hatte Frau und Kinder zu versorgen. Die Woche verging, er wurde immer ratloser und verzweifelter. Am Tag der Pfändung war er wie immer schon früh mit seinen Tieren auf dem Feld. Dort setzte er sich auf einen Stein und weinte. Plötzlich stand neben ihm ein Männlein mit hoher, spitzer Mütze und fragte, was ihm fehle.

»Ach, du kannst mir nicht helfen«, sagte der Schäfer, und die Tränen liefen ihm übers Gesicht.

»Lass nur hören, was dich bedrückt«, sprach der Kleine mitleidig. Nun erzählte der Schäfer, was ihm bevorstand. Das Männlein dachte nach und sagte: »Geh zu deinem Herrn und bitte ihn um Hilfe.«

»Wo kann ich ihn finden?«

»Hock dich auf bei mir!«, sprach der Zwerg. Kaum hatte es der Schäfer getan, da fielen ihm die Augen zu, und er schlief ein.

Beim Erwachen befand er sich in einem Haus, in dem es so heiß war wie in einem Backofen. In einer Stube saß sein Herr am Tisch mit anderen Männern beim Kartenspiel. Als er den Schäfer erblickte, rief er verwundert: »Ja, wie kommt Ihr denn hierher?«

Der Schäfer sprach: »Die gnädige Frau glaubt mir nicht, dass die Pacht bezahlt ist, weil ich ihr keine Quittung zeigen kann. Nun will sie mir alles pfänden lassen.«

»Sage meiner Frau, die Quittung steckt hinter dem Spiegel.«

»Herr, sie wird mir nicht glauben, wenn ich es ihr sage.«

Da zog der Herr seinen Siegelring vom Finger. »Hier, nehmt ihn mit. Wenn sie den sieht, wird sie Euch glauben.«

Der Ring war so heiß, dass ihn der Schäfer nicht anfassen konnte. Der Herr sprach: »Haltet nur den Kittel auf!« Als er den Ring hineinwarf, war in den Stoff sofort ein Loch gebrannt, und der Ring fiel durch. Das geschah auch beim zweiten mal. Erst beim dritten Versuch blieb der Ring im Kittel liegen, und der Schäfer nahm ihn mit.

Das Männlein war wieder zur Stelle. Geschwind trug es den Schäfer zurück zu seinen Tieren, die noch immer auf der Weide waren.

Abends nach der Heimkehr ging der Schäfer zur Gutsherrin und sagte: »Der Herr lässt grüßen, und ich soll Euch sagen, die Quittung steckt hinter dem Spiegel.«

Die Frau lief rot an vor Zorn. »Was, Ihr wollt mit dem Herrn gesprochen haben? Der ist doch längst tot, da lügt Ihr schon wieder!«

»Hier ist sein Siegelring. Den soll ich Euch zeigen, damit Ihr mir glaubt.«

Sofort griff die Frau hinter den Spiegel – und zog wahrhaftig die Quittung hervor. Das verschlug ihr die Sprache. Wortlos ging sie davon, und der Schäfer hatte endlich Ruhe.

Die Entstehung des Bützower Sees

$\mathcal{V}$or vielen Jahren liebte ein Feldherr die bildschöne Tochter eines Ratsherrn in Bützow. Gar zu gern hätte er sie zur Frau genommen, doch sie wollte nichts von ihm wissen. Da sein hartnäckiges Werben ohne Erfolg blieb, zog er mit einem Heer auf die große Wiese vor der Stadt, um das Mädchen mit Gewalt zu erringen.

Schon bald gingen in Bützow die Lebensmittel zu Ende. Es war Friedenszeit, kein Mensch hatte mit einer Belagerung gerechnet.

Schweren Herzens beschloss das Mädchen, sich für die Stadt zu opfern und begab sich in das Lager des Feldherrn. Neben seinem Zelt stand eine große Glocke, die er für die Hochzeit hatte gießen lassen.

Als das Mädchen in das Lager eintrat, ergoss sich plötzlich eine starke Flutwelle über die Wiese, die im Nu überschwemmt war. Die Ratsherrntochter klammerte sich in ihrer Angst an die Glocke, die zu schwimmen begann und die Opfermutige rettete. Das Wasser aber ist vor der Stadt geblieben: der Bützower See.

Wie die Güstrower den Priemerwald bekamen

*D*ie Bürger von Güstrow hatten schon lange ein Auge auf den Priemerwald geworfen. Aber dieses schöne Revier vor den Toren ihrer Stadt
gehörte dem reichen Junker von Pentz, der nicht daran dachte, es zu
verkaufen.

Da kamen die Stadtväter auf den Gedanken, den Ritter, der gut zu
speisen liebte, zu einem Festmahl ins Rathaus einzuladen. Damit hatten sie wohl das Richtige getroffen. Der adlige Herr fühlte sich geehrt
und stellte sich pünktlich ein. Mit Wohlbehagen ließ er sich dann die
überaus freundlich servierten Leckerbissen schmecken. Er trank ein
Glas erlesenen Weines nach dem anderen und geriet in immer bessere
Laune. Nun brachten die Ratsherren ihr Anliegen zur Sprache. »Soso,
den Priemerwald?« wiederholte der Ritter mit schwerer Zunge. »Na
– meinetwegen. Aber ihr müsst mir in einer Stunde einen Scheffel voll
Pfennige hierher bringen. Dann soll der Wald euch gehören.«

Das war keine Kleinigkeit, ein Scheffel fasste immerhin etwa vierzig
Liter. In großer Eile liefen die Ratsherren straßauf und straßab. Überall wurden fieberhaft Pfennige gesammelt. Noch bevor die Stunde ab-
gelaufen war, hatte sich der Scheffel bis zum Rand gefüllt. Der Ritter
schmunzelte. »Topp, es gilt! Ihr habt mein Wort!«

Nun waren die Güstrower im Besitz des Priemerwalds. Für ihre
schnelle Hilfe beim Pfennigsammeln durften die einfachen Bürger der
Stadt laut Verfügung des Rates hinfort alle vierzehn Tage aus dem Wald
Holz holen, die Ratsherren alle acht Tage, und der Bürgermeister durfte
das sogar täglich tun, wenn er es wollte. Jedermann hatte reichlich Holz
zum Kochen und Heizen! Keiner brauchte mehr zu frieren, wenn der
Winter mit Schneetreiben und strengem Frost Einzug hielt.

In jeder Woche dröhnten die Äxte und Sägen, rollten die Wagen
schwer beladen durch den Wald. Doch mit der Zeit wurde er lichter und
kleiner, und die Gesichter der Ratsherren wurden immer länger. Wenn
sie die Verfügung nicht eines Tages recht kleinlaut wieder aufgehoben

hätten, dann hätten die Güstrower ihren Priemerwald vollends durch den Schornstein gejagt, und er wäre nur noch auf alten Landkarten zu finden gewesen. So aber ist ihnen dieses wunderschöne Waldgebiet erhalten geblieben.

Der Plötzensee bei Plau

Nicht weit von dem großen Plauer See liegt ein kleinerer See, an dessen Stelle früher eine Burg stand, die einem Grafen Plötz gehörte. Der Graf besaß auch alles Land ringsum. Einiges hatte er geerbt, anderes den Bauern geraubt, indem er sie mit seiner Schar bewaffneter Knechte von ihren Höfen vertrieb. Wollten Untertanen nicht gehorchen, so ließ er sie auspeitschen, und manch einer von ihnen kam dabei zu Tode.

Eines Tages, der Graf hatte gerade im Burggarten gespeist, erschien bei ihm ein uralter Mann, ehrwürdig anzusehen, mit langem Haar und weißem Bart. »Ich komme, um Euch zu warnen«, hob der Greis an. »Lasst ab von Grausamkeit und Härte, werdet ein anderer Mensch, solange noch Zeit ist.«

»Was wollt Ihr? Mich warnen? Hoho, das ist fürwahr kein schlechter Witz!« Der Graf lachte schallend. Er war nach einem guten Mahl immer in bester Stimmung, sonst hätte er den Alten wohl hinauspeitschen lassen. Doch gleich schlug seine Laune um, und er befahl: »Nun packt Euch, sonst lasse ich die Hunde los!«

»Ja, ja, ich gehe jetzt«, sagte der Greis ganz ruhig. »Aber in hundert Tagen komme ich wieder. So lange habt Ihr noch Zeit, um Euch zu bessern – nutzt diese Frist!«

Der Graf wurde feuerrot vor Erregung, aber ehe er auf den Alten losgehen konnte, war dieser ebenso plötzlich verschwunden, wie er aufgetaucht war.

Schon am nächsten Morgen dachte Graf Plötz nicht mehr an den fremden Mahner. Die Frist verging schnell. Als der Graf mit seinen

Knechten wieder einmal von einem Raubzug heimkehrte, stand auf der Zugbrücke der Alte vor ihm. »Ihr habt die Zeit verstreichen lassen! Jetzt sind Euch nur noch wenige Stunden vergönnt. Nutzt sie gut. Wollt Ihr Euch nicht lossagen von Gewalt und Verbrechen?«

Statt einer Antwort holte der Graf aus und schlug dem Greis mit der Peitsche ins Gesicht. Der Alte wandte sich traurig ab und ging mit schweren Schritten durch den Buchenwald davon.

Nach einigen Stunden, der Graf saß mit seinen Gesellen gerade im Burggarten beim Mittagsmahl, verfinsterte sich der Himmel. Donnerschläge grollten dumpf und kamen schnell näher.

Am Waldrand hatte sich ein Schäfer untergestellt, als das Unwetter heraufzog. Er sah, wie Blitze in den Burgturm fuhren, wie die Mauern barsten und zusammenstürzten und mit lautem Krachen in der Tiefe versanken.

Als sich die schweren Wolken verzogen hatten, stand der Schäfer an der Stelle, wo sich zuvor die Burg erhoben hatte – es war jetzt das Ufer eines Sees.

Später erhielt der See den Namen des Grafen Plötz, weil dieser hier mit seinen Gesellen untergegangen war. Fischer kamen mit Kähnen und wollten die Tiefe loten. Aber in der Mitte des Sees traf das Senkblei keinen Grund, mochte die Schnur noch so lang sein. Der Versuch, Fische zu fangen, wurde bald aufgegeben. Die Netze wurden unten festgehalten und kamen zerrissen wieder herauf, und die Fischer glaubten, sie seien an den alten Bäumen des Burggartens hängengeblieben.

Der Schuhmacher und sein Helfer

Es ist schon eine Weile her, da hatte ein Schuhmacher in Plau viele Kunden, aber nur einen Gesellen. Immer war die Arbeit schnell getan, und der Meister wurde mit der Zeit ein reicher Mann.

Wie das nur zuging? Der Meister konnte es sich selbst nicht erklären.

Legte er abends ein Paar Schuhe oder Stiefel zum Besohlen oder zum Flicken für den nächsten Arbeitstag bereit, so standen sie am anderen Morgen fertig auf seinem dreibeinigen Schemel!

Einmal drängte ein vornehmer Kunde auf besonders schnelle Erledigung. Der Meister wies den Gesellen an, abends länger zu arbeiten. Er selbst legte sich schlafen. Wie der Geselle nun Stunde um Stunde seinen Pechdraht zog, kam Schlag zwölf Uhr ein nacktes Männlein mit einer übergroßen Nase herein, setzte sich auf den Stuhl des Meisters und machte sich sofort an die Arbeit.

Dem Gesellen war es nicht geheuer, er nahm seine Lampe und verließ die Stube. Durchs Schlüsselloch beobachtete er, dass das Männchen Licht machte und emsig bei der Sache war. Der Geselle ging in seine Kammer, fand aber vor Unruhe keinen Schlaf. Beim ersten Morgengrauen weckte er den Meister und erzählte von der nächtlichen Begegnung.

Der Schuhmacher war nicht wenig erschrocken. Dann kam er auf den Gedanken, seinem Wohltäter als Dank einen Rock anfertigen zu lassen, damit er nicht mehr so nackt war. Da der Geselle die Größe des Männleins beschrieb, schnitten der Meister und sein Geselle selbst einen passenden Rock zu, nähten ihn zusammen und legten ihn abends auf dem Arbeitsstuhl zurecht.

Als es auf Mitternacht zuging, guckten sie abwechselnd durchs Schlüsselloch. Um zwölf Uhr kam der Kleine und machte Licht. Er griff nach dem Rock und sprach vernehmlich vor sich hin: »So, so, jetzt soll ich reisen!«

Gleich war es wieder dunkel in der Stube. Der Meister und sein Geselle gingen hinein, aber das Männlein war mitsamt dem Rock verschwunden.

Von Stund an lagen Schuhe und Stiefel am Morgen ebenso unbesohlt und ungeflickt da, wie sie am Abend hingelegt worden waren. Keiner hatte sie angerührt, und schon bald war es mit dem Reichtum des Schuhmachers vorbei.

Der Jörnberg am Krakower See

*V*or langer Zeit, als es noch Riesen im Lande gab, lebte einer von ihnen am Westufer des Krakower Sees. Jörn, so hieß er, war es leid, immer den halben See umschreiten zu müssen, wenn er seinen Freund am Ostufer besuchen wollte. Deshalb nahm er sich vor, einen Damm durch den See zu bauen.

In seiner Schürze schleppte er große Mengen Sand und Lehm heran und leerte sie im Krakower See aus. Er hatte schon ein ganzes Stück aufgeschüttet, als ihm die volle Schürze riss und sich vom herabfallenden Erdreich ein Hügel am See auftürmte. Vor Wut über sein Missgeschick hörte Jörn mit der Arbeit auf und verließ diese Gegend. Er stieß noch seinen Besen verkehrt in die Erde, das war an der Grenze zu dem heutigen Ort Charlottenthal, wo der Besen zu einem stattlichen Baum heranwuchs.

Der unfertig gewordene Damm springt als Halbinsel Lehmwerder weit in den See vor. Der Hügel ist nach dem Riesen selbst genannt und heißt Jörnberg.

Die versenkte Kriegskasse

*I*m Dreißigjährigen Krieg kam eine kleine Schar schwedischer Soldaten, die eine schwere, gut gefüllte Kriegskasse mitführte, in die Gegend von Röbel. Dort wurde sie von einer starken Abteilung der kaiserlichen Truppen erspäht.

Die Schweden bemerkten, dass sie verfolgt wurden, und spornten ihre Pferde zu höchster Eile an. Doch die überlegenen Kaiserlichen kamen immer näher. Auf keinen Fall durfte ihnen die wertvolle Kriegskasse in die Hände fallen!

Da passierten die Schweden den Wackstower See. Kurz entschlossen machten sie halt, warfen die schwere Kiste ins Wasser und jagten weiter. Gleich darauf trafen die Kaiserlichen am See ein. Sie hatten alles beobachtet und bemühten sich, mit Stangen und Lanzen die Kiste zu bergen. Aber sie war tief im morastigen Seegrund versunken. Inzwischen hatten die fliehenden Schweden einen so großen Vorsprung gewonnen, dass die Verfolgung aufgegeben wurde.

Als die Kunde von dem versunkenen Schatz nach Röbel gelangte, zogen manche Bürger einzeln oder zu zweit mit allerlei Gerät und hohen Stiefeln hinaus zum Wackstower See, um ihr Glück zu versuchen, doch keinem wollte es gelingen, den Schatz zu heben.

Später schlossen sich zahlreiche Einwohner zu einem Verein zusammen. Vom See wurde ein Kanal gegraben, um das Wasser abzulassen. Erfahrene Schatzgräber und sogar Zauberer wurden herbeigeholt und machten sich ans Werk. Noch immer war keine Spur von der Kriegskasse zu entdecken. Endlich stieß ein Mann mit einer langen Stange in der Mitte des Sees auf einen harten Gegenstand. Bei dem eigentümlichen Klang horchten alle auf. Was nach erheblicher Anstrengung zutage kam, war indessen wieder nur ein Stein. Enttäuscht ließen die Röbeler von der Schatzsuche ab, und seitdem haben sie dort auch nichts mehr unternommen. So ruht die schwedische Kriegskasse wohl noch heute irgend wo auf dem Grunde des Wackstower Sees.

Die Wächterglocke in Röbel

*W*ie in anderen Städten zeigte früher auch in Röbel die Wächterglocke an, dass die Nachtwächter den Dienst angetreten hatten und ihren Rundgang machten. Die Bürger konnten sich also unbesorgt zur Ruhe niederlegen. Treue Wächter achteten nun darauf, dass die Stadt vor Feuer und anderem Unheil bewahrt blieb.

Als ein alter Wächter eines Abends zur gewohnten Stunde im Turm der Nikolaikirche die Glocke läuten wollte, schien es, als zöge ihm

jemand von oben das Seil aus der Hand. Der Wächter fasste stärker zu, und wieder gab es einen deutlichen Ruck. Schließlich hängte er sich mit ganzer Körperkraft ans Seil, doch jetzt wurde er selbst mit nach oben gezogen, als wäre er leicht wie eine Feder. Missgestimmt ließ er das Seil los und ging davon, ohne geläutet zu haben.

Als es ihm am nächsten Abend ebenso erging, erzählte er einigen Leuten davon. Ein Mann riet ihm, er solle den, der ihm einen Schabernack spielte, einmal direkt anreden. Am dritten Abend begleiteten ihn zur Stunde des Läutens die anderen Nachtwächter und ein paar Neugierige zum Turm von Sankt Nikolai. Mit festem Griff packte der Wächter das Seil, wurde aber gleich nach oben gezogen. Nun rief er mit lauter Stimme, dass es in der Turmspitze zu hören sein musste: »Wisst du lüden ore sall ick lüden? Süs will ick wierergahn!« (Willst du läuten oder soll ich läuten? Sonst will ich weitergehen!)

Keine Antwort, statt dessen wurde das Seil wieder heftig emporgerissen. Das war zuviel. Eilends verließen der Nachtwächter und seine Begleiter den Turm und betraten ihn auch nicht wieder. Damit war die Wächterglocke in Röbel verstummt.

Die Unterirdischen vom Weiberberg

Am Ostufer des Malchower Sees erhebt sich der Laschendorfer Burgwall, der im Volksmund »Wiwerbarg« oder Weiberberg genannt wird. Dort haben die kleinen Unterirdischen gewohnt. Wollten sie backen oder brauen, dann gingen sie abends immer zu einem Bürger, der in der Stadt Malchow in der Güstrower Straße wohnte. Er ließ sie gewähren, und so backten und brutzelten sie die ganze Nacht hindurch nach Herzenslust mit seinem Geschirr. Zum Dank ließen sie ihm in den Schüsseln und Töpfen von allem etwas übrig.

Einmal hatten die Unterirdischen in ihrem Eifer die Zeit vergessen. Aber nach Tagesanbruch konnten sie den weiten Weg durch die Stadt nicht mehr zurücklegen. In ihrer Not gingen sie zum Fährmann, der sie bereitwillig nach der Ostseite übersetzte. Als sie dort ausgestiegen waren, drehte sich der letzte von ihnen um und schüttete ein Säckchen in den Kahn aus mit den Worten: »Fährmann, das ist deine Bezahlung.«

Der Fährmann fand dann aber nur einen Haufen Pferdeäpfel in seinem Boot. Ärgerlich schaufelte er sie ins Wasser.

Am nächsten Morgen sah er im Kahn etwas glänzen – ein paar Goldstücke! Da ging ihm ein Licht auf: Was so voreilig über Bord gegangen war, das war der gute Lohn gewesen, den ihm die Kleinen gezahlt hatten.

Bürgermeister Hörning

Vor über dreihundert Jahren amtierte in Waren Bürgermeister Hörning, der mit den Bürgern der ihm anvertrauten Stadt so hart und willkürlich verfuhr, dass sie sich nicht anders zu helfen wussten, als beim Herzog in Schwerin über ihn Klage zu führen. Daraufhin wurde eine Untersuchungskommission nach Waren geschickt. Ehe sie Hörnings Verhalten genauer prüfen konnte, starb er plötzlich.

Die Bürger atmeten erleichtert auf – doch fand der Verstorbene offenbar keine Ruhe. Nachts irrte er wie ein Gespenst durch die Straßen und erschreckte Leute, die sich zu später Stunde noch sehen ließen. Am schlimmsten war es in seinem ehemaligen Haus. Dort polterte und tobte er so heftig, dass kein Mensch in dem Haus wohnen wollte.

Einmal machte ein Warener in Sachsen einen Mann ausfindig, der in dem Ruf stand, Geister vertreiben zu können. Er kam auch nach Waren, und nach etlichen Versuchen gelang es ihm, den spukenden Geist in einen Sack zu sperren.

Er brachte ihn auf den Schweinewerder, eine kleine Insel im Müritzsee, nicht weit von Eldenburg. Als er ihn dort freiließ, gebot er ihm, die dort reichlich umherliegenden Feuersteine zu zerklopfen. Das tat der Geist dann auch von früh bis spät, weiterhin von Unruhe geplagt.

Auf der Insel wanderte er von einem Ende zum anderen und warf mit Steinen über die Elde bis nach Eldenburg und auf die Felder bei Klink. Noch jahrelang war sein Lärmen auf dem Schweinewerder zu vernehmen. Die Leute sagten dann: »Hürt, Hörning kloppt all wedder Füersteen!« (Hört, Hörning klopft wieder einmal Feuersteine!)

Der kostbare Krug

*E*inst waren in der Erntezeit zwei Bauern auf dem Heimweg aus Penzlin in das Dorf Zahren. Sie kamen am Lindenberg, einem Hünengrab, vorbei. An dem Tag war es ziemlich heiß, und der eine Bauer hatte großen Durst, aber weit und breit waren weder eine Quelle noch ein Gasthof, wo er ihn hätte stillen können. Da hörten beide aus dem alten Grabhügel eine feine, lustige Musik heraufklingen, es war, als würde dort unten zum Erntebier aufgespielt. Sie hatten ja auch schon von den Unterirdischen gehört, die hier wohnen sollten. Der Durstige suchte, während sein Gefährte weiterging, zwischen Bäumen und Büschen nach einem Eingang, fand aber nichts und rief ungeduldig: »Hewt ji nich wat to drinken? Mi döst ok gor to dull!« (Habt ihr nicht was zu trinken? Ich habe solchen Durst!)

Schon stand ein kleiner Mann mit einem Krug neben ihm und sagte: »Dor, drink, äwer kiek nich in den Kroog rin!« (Da, trink, aber sieh nicht in den Krug hinein!)

Der Bauer tat, wie ihm geheißen, er setzte an und schloss dabei die Augen. Welch köstliches Getränk, was für ein lieblicher Geschmack! Es rann ihm die Kehle hinunter wie edler Wein, er fühlte sich wunderbar erfrischt. Ach, wenn er den Krug mitnehmen könnte! Kaum gedacht, klemmte er ihn unter den Arm und lief davon.

Der Zwerg begann zu zetern: »Min Kroog, min Kroog! Holl em fast!« (Mein Krug, mein Krug! Haltet ihn fest!)

Im Nu wimmelte es um ihn von kleinen Leuten, die gleich darauf

dem Dieb hinterhereilten. Aber so flink sie mit ihren kurzen Beinchen trippelten, sie konnten den Mann, der ihnen mit langen Sätzen voraus war, nicht einholen.

Ein Zwerg hatte nur ein Bein, das war der schnellste. »Eenbeen, loop!«, sagte er zu seinem Bein, und damit sprang er so geschwind, dass er dem Fliehenden immer näher kam. Doch an einer Wegkreuzung vor dem Dorf Zahren konnte der Kleine nicht mehr. Er blieb stehen und rief dem Bauern nach: »Beholl den Kroog, kannst ümmer drinken, oewer kiek nich rin!«

Bald war der Bauer daheim und verbarg den kostbaren Krug. Verspürte er Durst, dann griff er ihn, machte die Augen fest zu und trank sich satt. Nie war er berauscht davon, er wurde auch nicht mehr krank – bis er einmal das Gebot des Unterirdischen vergaß und in den Krug sah. Da schrak er zusammen, denn auf dem Boden saß eine große, dicke Kröte und glotzte ihn mit schillernden Augen an. Er stellte den Krug fort, und als er wieder einmal hineinsah, war die Kröte verschwunden und der Krug leer. Bald wurde der Bauer krank, und er lebte nur noch kurze Zeit.

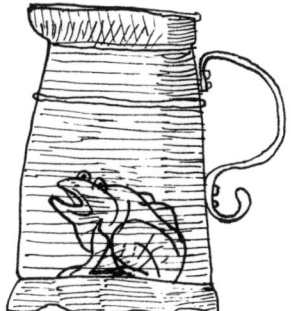

Der Hecht im Teterower See

*E*s ist schon lange her, da fingen zwei Fischer auf dem Teterower See einen so großen Hecht, wie er ihnen noch nie ins Netz gegangen war. Mühsam zogen sie ihn ins Boot. Am Landeplatz ließ ihn der eine Fischer nicht aus den Augen, während der andere zum Rathaus ging, um den Fang zu melden.

Die Ratsherren waren hocherfreut. Der stattliche Fisch kam ihnen für die Königstafel des nächsten Schützenfestes wie gerufen. Bis dahin war freilich noch einige Wochen Zeit. Deshalb gaben sie dem Fischer die Weisung, der Hecht solle wieder in den See gesetzt und am Festtag noch einmal gefangen werden.

Am See kamen den Fischern Bedenken. Würden sie ihn im Wasser auch wiederfinden? »Ick weit't«, sagte der eine schließlich, »wi binnen em ne Klock üm.«

»Un in't Boot maken wi ne Karv«, setzte der andere hinzu, »dormit wi weiten, wo wi em rinner laten hebben.«

Also banden sie dem Fisch eine Glocke um und kerbten die Stelle der Bootswand dort ein, wo sie ihn zurück ins Wasser warfen.

Das Schützenfest kam heran. Am Morgen des großen Tages fuhren die Fischer auf dem See hin und her, kreuz und quer. Sie hielten Ausschau durch ihre Kerbe, sie lauschten gespannt auf das Glöckchen, aber der große Hecht ließ sich weder sehen noch hören. Er tummelte sich frohgemut in der Tiefe des Sees. Die Teterower mussten schon zusehen, dass sie einen anderen Festtagsbraten bekamen – den Hecht bekamen sie nicht.

Später geriet er ihnen doch einmal ins Netz, und daran erinnert der »Hechtjunge«, ein steinernes Denkmal in der Mitte des Teterower Marktbrunnens. Der kleine nackte Junge, der auf seinen Schultern einen großen Hecht mit einer um den Hals gehängten Glocke trägt, ist ein Wahrzeichen der Stadt geworden.

Die Malchiner und der
Herr von Kummerow

Die Felder und Wiesen des Freiherrn von Kummerow, eines reichen Rittergutsbesitzers, erstreckten sich vom Kummerower See bis zum Malchiner Mühlentor. Die Ratsherren von Malchin hätten gern dieses Land für ihre Stadt erworben. Der Ritter war auch nicht abgeneigt, ihrem Wunsch nachzukommen, verlangte aber einen hohen Geldbetrag dafür, und die Malchiner konnten ihn nicht aufbringen. Dabei war es lange Zeit geblieben. Endlich kamen die Ratsherren darauf, den Ritter zu einem Bankett ins Rathaus einzuladen. Er war ein fröhlicher Zecher und folgte der Einladung gern.

Das Gelage war in vollem Gange, der Kummerower in bester Laune. Da hielt einer der Ratsherren die Zeit für gekommen und fragte nach dem Verkaufspreis für die Ländereien. Der Kummerower lachte nur: »Ihr kennt ja meinen Preis! Aber ich weiß, bei euch in der Stadt reicht es hinten und vorne nicht. Hört zu: Weil ihr meine Felder nicht kaufen könnt, will ich sie euch schenken, und zwar so viel davon, wie ihr heute von Mitternacht bis morgen früh um vier mit einem Paar Zugochsen umfahren könnt. Eine lange Furche soll die Grenze sein. Dafür müßt ihr mir zur Erinnerung am Mühlentor einen Turm bauen und mein Wappen daran anbringen. Wird der Turm einmal abgerissen, so fällt das Land an meine Nachkommen zurück. «

Nun war Eile geboten. Gleich setzten die Ratsherren einen Vertrag über die Schenkung auf, der unterschrieben und gesiegelt wurde. Um Mitternacht zog ein Trupp Malchiner Bürger mit einem Paar Zugochsen los. Sie pflügten eine Furche bis nach Duckow, eine halbe Stunde von der Stadt entfernt, dann nach Norden bis an den Kummerower See und von dort in weitem Bogen zurück nach Malchin, wo sie kurz vor vier Uhr am Mühlentor ankamen. Das hatte der Stadt ein schönes Stück fruchtbares Land eingebracht. Bald lösten die Malchiner ihr Versprechen ein. Am Mühlentor errichteten sie einen Turm und schmückten ihn mit dem Wappen des Kummerowers.

Einmal sollte der Turm niedergerissen werden, weil die Ziegelsteine gebraucht wurden. Da sagte ein alter Malchiner zu den Ratsherren: »Deit dat nich, dei Kummerowsch kiekt all wedder ut de Auken!« (Tut das nicht, der Kummerower guckt schon wieder aus den Auken! – Die »Auken« sind die Spalten unter den Dachziegeln, wo das Mauerwerk ansetzt.) Nun fiel den Ratsherren ein, was verbrieft und gesiegelt war, und da sie das Land behalten wollten, ließen sie den Turm stehen.

So hat der viereckige Backsteinturm mit seinem verzierten Giebel die Zeiten überdauert. Das Wappen ist längst verwittert, dafür trägt er jetzt ein Storchennest auf der Spitze.

Der Hüschenberg

Im Malchiner See liegen zwei Inseln, der Rothenberg bei Seedorf und der Hüschenberg bei Rothenmoor. Beide sind umgeben von Schilf und Strauchweiden. Vor langer Zeit stand auf der zweiten Insel die Hüschenburg, der Wohnsitz der Herrin des Sees. Sie war eine hochmütige und hartherzige Prinzessin, erschien jeden Morgen am Ufer und verlangte von den Fischern, ihr einen reichen Fang zu schaffen. Der stand ihr aus dem Frondienst der Fischer zu. Traf sie abends einen jungen Fischer allein, so lockte sie ihn in die Hüschenburg mit dem Versprechen, ihm die Fronarbeit eine Zeitlang zu erlassen. So mancher ging darauf ein – er wurde nie wieder gesehen.

Das trieb sie eine ganze Zeit, bis es den Fischern eines Tages zu bunt wurde und sie ihr drohten: »Lasst unsere Brüder heraus! Wir kündigen Euch die Fron und geben keinen Fischzins mehr!«

Sie sprach ungerührt: »Eure Brüder sind frei und glücklich. Sie fahren durch die Lande und bieten eure Fische feil. Ihr seid und bleibt Froner. Weh euch, wenn ihr euch weigert! Der Fürst von Werle gab mir Brief und Siegel auf mein Recht!«

Die Fischer erwiderten: »Wenn Ihr unsere Brüder nicht freilasst und uns nicht von der Fron befreit, dann rufen wir die Malchiner zu Hilfe. Sie haben schon dem Raubritter Maltzahn bei Faulenrost die Zähne gezeigt. Auch der Fürst von Werle konnte ihm da nicht helfen!«

Die Prinzessin sah, diesmal war es den Fischern bitter ernst. Also ging sie scheinbar auf ihre Forderungen ein. »Beim Himmel, dann soll es mit der Fron eben ein Ende haben. Wenn ich einmal nicht mehr bin, soll auch der See euch gehören. So wahr ich hier stehe, sonst soll die Burg mit mir im Wasser untergehen.«

Ihre Worte waren nur als List gedacht. Doch schon in der folgenden Nacht erhob sich ein gewaltiger Sturm. Der Malchiner See schlug hohe Wellen, die auf die Insel zurollten und die Hüschenburg mit ihrer Herrin hinab in die Tiefe rissen. Am nächsten Morgen war der Hüschenberg verwüstet und still, und von der Burg war keine Spur mehr zu finden.

Die gut gefütterten Pferde

*I*n Rittermannshagen, einem Dorf auf halbem Weg zwischen Waren und Malchin, lebte ein Bauer, dessen Pferde besser genährt waren als alle anderen im Dorf. Die Leute zerbrachen sich den Kopf darüber, weshalb gerade seine Tiere immer glatt und rund waren, sie konnten aber nicht dahinterkommen.

Nun hatte der Bauer einen Knecht, der die Pferde zur Nacht noch einmal abfüttern musste. Eines Abends war er vom Tagewerk todmüde und schlief nach dem Essen auf der Ofenbank ein. Gegen Mitternacht

wachte er auf und hatte nichts Eiligeres zu tun, als nach den Pferden zu sehen. Er suchte sich einen Kienspan und ging in die Küche, um ihn anzuzünden. Im Herd fand er noch einige glühende Kohlen, er machte Licht – und erblickte neben dem Herd ein graues Männlein, das ihn vergnügt anblinzelte und sagte: »Ick heff all faudert!« (Ich habe schon gefuttert!)

Der Knecht wollte es nicht glauben und ging in den Stall. Da hörte er schon ein knirschendes Mahlen. Die Pferde waren beim Fressen und die Krippen mit bestem Weizen gefüllt. Nun begriff er, wie es kam, dass die Tiere so gut versorgt waren, und ging schnell wieder in die Küche, um sich den netten Helfer genauer anzusehen. Er fand ihn nicht mehr vor, bekam aber von unsichtbarer Hand eine so derbe Ohrfeige, dass er dreimal rundum ging.

Das Feuer am Gerichtsberg

Nicht weit von der Stadt Stavenhagen liegt am Weg von Rottmanns-hagen nach Rützenfelde der Gerichtsberg mit einer Kiesgrube, in der früher um Mitternacht ständig ein Feuer brannte. So hat es jedenfalls ein zu dieser Stunde dort vorübergehender Fischer mehrere Male be-obachtet. Einmal trat er ans Feuer und stieß mit seinem Stock hinein. Da schoss eine Lohe daraus hervor, die ihm Haar und Bart versengte, und sein Gesicht war tagelang gerötet. Von alten Leuten in Rützenfelde hörte er dann, er dürfe, wenn ihm sein Leben lieb sei, das Feuer nie wieder stören, und sie erzählten ihm, was es damit für eine Bewandtnis hatte.

Es lag schon einige Zeit zurück, dass auf dem Gut Rützenfelde ein Brand ausgebrochen war, dem der halbe Hof zum Opfer fiel. Eine Magd geriet in den Verdacht, das Feuer angelegt zu haben. Sie bestritt entschieden jede Schuld. Schließlich versprach ihr der Verwalter Straf-freiheit und ein neues rotes Kleid, wenn sie die Wahrheit sagen würde.

Obgleich sie nichts mit dem Feuer zu tun hatte, glaubte sie, auf leichte Weise zu einem schönen Kleid zu kommen und gab sich als Brandstifterin aus.

Nun erhielt sie das versprochene Kleid. Gleichzeitig aber wurde sie gebunden, zum Gerichtsberg geführt und dort, wie in solchen Fällen üblich, lebendig verbrannt. Nach dem Tod kam sie nicht zur Ruhe, und seit dieser Zeit erschien an dieser Stelle das Feuer wieder.

Der Schatz im Haus Demmin

*I*m Süden der Stadt Demmin steht in einem Park die Ruine von »Haus Demmin«, einer ehemaligen Fürstenburg mit hohem Bergfried. Die Burg wurde um 1650 gesprengt. In den Mauerresten wurde dann oft nach einem Schatz gesucht.

Er lag aber so tief, dass ihn keiner in einer Nacht erreichen konnte, und wenn er auch eifrig grub. Was bis Mitternacht mühselig ausgehoben worden war, stürzte dann auf einmal wieder zusammen, und die Arbeit war vergebens. Es hieß, wenn einmal der rechte Mann käme, würde er den Schatz heben. Ihm konnte der gefährlich aussehende schwarze Hund, der dort Wache hielt, nichts anhaben.

Einmal glückte es einem Jungen, etwas von dem Schatz zu bekommen. Er spielte auf der Ruine mit einem Ball, der in eine Maueröffnung fiel. Um ihn zu holen, stieg der Junge immer weiter in die Ruine hinab. Er kam in ein dunkles Gewölbe mit einer Tür, die nur angelehnt war und hinter der Licht schimmerte. Durch sie trat er in einen Saal, in dem unermesslich viele Gold- und Silbersachen ausgebreitet lagen. Der Junge stopfte davon in seine Taschen, soviel nur hineinging, und lief zurück ins Freie. An der Tür sah er den schwarzen Hund liegen. Er schien aber zu schlafen, denn er rührte sich nicht.

Der Junge eilte mit seiner wertvollen Beute nach Hause zu seiner Stiefmutter, die eine harte, geizige Frau war. Er musste ihr genau erzählen, wie er zu den Schätzen gekommen war und was er alles gesehen hatte. Sie forderte ihn auf, sich noch einmal die Taschen zu füllen. Doch den Jungen graute es, wieder zur Ruine zu gehen, denn es war inzwischen Abend geworden und dunkelte bereits. Er bat und weinte, aber es half nichts, er musste zum zweiten Mal hinunterklettern. Niemand hat ihn wiedergesehen.

Das Glück von Gehmkow

Südlich von Demmin liegt das kleine Dorf Gehmkow. Früher war es ein Rittergut, das oft von einer Hand in die andere überging, denn die Besitzer kamen nicht zurecht. Jeder sah sein Geld in Misswuchs, verregneten Ernten, Viehseuchen dahinschwinden und war schließlich froh, das Gut verkaufen zu können, wenn auch mit Verlust.

Wieder hatte ein noch junger Besitzer sein ganzes Vermögen in die Wirtschaft gesteckt und doch nicht verhindern können, dass es bergab ging. Ställe und Scheunen waren baufällig – er hatte kein Geld für die Ausbesserung. Die Pflüge waren so abgenutzt, dass sie nur noch eine Handbreit tief in die Erde eindrangen – es reichte nicht für neue Pflugscharen. Die Pferde hatten keine Eisen mehr an den Hufen – der Besitzer konnte den Schmied nicht bezahlen. In seiner Verzweiflung sann der junge Mann lange darüber nach, wie er seine Lage ändern könnte, bis ihm einfiel, dass die alten Leute von einem Schatz erzählten, der unter einem Hünengrab im Gutsgarten, dicht neben einer großen Eiche, vergraben sei. Ihn wollte er heben, es wenigstens versuchen.

Am nächsten Morgen begann er gemeinsam mit einigen Tagelöhnern am Grabhügel zu arbeiten. Abends waren sie bis an die Wurzeln der Eiche gekommen, doch von einem Schatz war nichts zu sehen. Er schickte seine Helfer nach Hause und blieb allein in der Grube zurück.

Plötzlich stand ein Männlein vor ihm, nicht größer als ein zweijähriges Kind, aber mit runzligem Gesicht und langem, grauem Bart. »Hüte dich, hier weiter zu graben und das Leben der alten Eiche zu vernichten, es wäre dein Unglück! Aber ich weiß, dass du die Ruhe dieses Grabhügels aus Not gestört hast, und ich will dir helfen.« Das Männlein wies auf eine kleinere, seitlich gelegene Grube. »Hier kannst du drei Fuß tiefer graben. Was du findest, darfst du behalten, es wird dein Glück sein.«

Damit verschwand der Kleine hinter der Eiche. Der Mann grub an der bezeichneten Stelle und stieß bald auf ein Stück Eisen, etwa so groß wie ein Ziegelstein. Er nahm es mit ins Haus und hoffte, es werde sich über Nacht in Silber oder Gold verwandeln.

Am nächsten Morgen war es unverändert. Enttäuscht brachte er es in die Gutsschmiede und legte es zu altem Eisenzeug. Nach ein paar Stunden erschien sein Verwalter mit dem Eisenstück in der Hand und erzählte verwundert, er wollte davon etwas abschlagen und zu einer Zwinge für seinen Spaten verwenden. Da legte sich das Eisen ganz von selbst in die passende Form, und das Stück wuchs gleich wieder zur ursprünglichen Größe an.

Der junge Mann wurde hellhörig. Er ließ einen Schmied kommen und aus dem Stück eine Pflugschar hämmern, wie sie gerade dringend gebraucht wurde. Auch das ging ganz leicht. Mit einem einzigen Hammerschlag war sie fertig, und das Eisen, kaum geteilt, wurde wieder so groß wie vorher.

Das war eine Freude! Der junge Mann ließ nun alles Ackergerät und Handwerkszeug, das er benötigte, aus dem einen Eisenstück anfertigen. Auf diese Weise hielten wieder Ordnung und Wohlstand Einzug im Haus, und dem Mann und auch seinen Nachkommen war das Glück hold. Die alte Eiche am Hünengrab aber hieß bei jedermann in dieser Gegend immer nur »das Glück von Gehmkow«.

Rabandel

Nicht weit von Lüdersdorf, einer Siedlung nordwestlich von Penzlin, hauste vor langer Zeit der Räuber Rabandel. Rechts vom Weg in Richtung Waren lag seine Burg. Sie war in dichtem Wald versteckt und von einem Wassergraben umgeben. Quer über dem Landweg lag unter lockerem Sand eine Kette, die mit einer Glocke in der Burg verbunden war. Jeder vorüberfahrende Wagen berührte die Kette und setzte die Glocke in Bewegung, so dass der Räuber und seine Gesellen rechtzeitig aus dem Wald hervorbrechen konnten.

Einmal hörte Rabandel, dass ein Bauer in Tarnow einen auffallend schönen Rappen besitze. Er schickte zwei von seinen Leuten los, die das Tier stehlen sollten. Der eine Mann kam vorzeitig zurück, er hatte quälende Bauchschmerzen bekommen und konnte nicht weiter. Der andere schlich sich abends ins Tarnower Bauernhaus, doch ein Knecht bemerkte ihn und schlug Lärm. Der Dieb kroch unter die Pferdekrippe, wo ihn keiner fand. Als es auf dem Hof wieder ruhig war, band er vorsichtig das Pferd los. Triumphierend schrieb er mit Kreide an die Haustür: »Wer Rabandel sin Lüd söken will, de sök se ünner de Pierdkrüff!« (Wer Rabandels Leute suchen will, der suche sie unter der Pferdekrippe!)

Doch er hatte sich zu früh gefreut. Als er zum Hoftor hinausritt, sprang der Bauer hinter einem Pfeiler hervor. Unter einem kräftigen Knüppelhieb sank der Gauner zu Boden. Rabandel aber hatte immer neuen Zulauf. Auf den Straßen und Wegen zwischen Waren und Neubrandenburg war vor ihm und seinem Raubgesindel keiner mehr sicher. Da schlossen sich die umliegenden Städte zu einem Bund zusammen und sandten ein Heer aus, um mit dieser Räuberplage

aufzuräumen. Bald stießen sie auf Rabandel und seine Spießgesellen, die sich jedoch im Gelände besser auskannten als sie und dem Heer aus dem Hinterhalt empfindliche Verluste zufügten. Endlich wurde die Bande niedergemacht. Rabandel selbst floh in die Burg, versenkte seine erbeuteten Schätze in einem tiefen Wasserloch, und dann stürzte er sich selbst hinab.

Der Ort, wo seine Burg gestanden hat, heißt noch heute Rabandelberg. Unter den Mauerresten der Burg sollen Rabandels Schätze im Boden liegen. Manch einer hat danach gegraben, doch kamen nur eiserne Geräte und ein verrosteter Helm zutage.

Der schwarze Pudel

Ein junges Mädchen ging jeden Tag von Neustrelitz nach Fürstensee, wo der Vater im Wald arbeitete. Die Kleine brachte ihm das Mittagessen. Sobald sie am Domjüchsee vorbei war, kam jedesmal ein schwarzer Pudel auf sie zu und begleitete sie eine Strecke. Beim erstenmal wich sie verängstigt zurück. Doch der Hund war ganz ruhig und tat ihr nichts. So wurde sie zutraulich und gab ihm immer ein Stück Brot. Er nahm das auch und blickte sie dankbar an. Kurz vor Fürstensee verschwand er dann im Wald.

Eines Tages, als der Hund wieder neben ihr her lief, klebten in seinem Fell viele Klümpchen, als hätte er sich in Teer gewälzt. »Warte nur«, sprach sie, »ich will dir helfen.« Sie nahm eine Schere aus der Tasche und schnitt sorgsam alle Klumpen ab. Dann strich sie ihm zufrieden über das wieder sauber und glatt gewordene Fell und reichte ihm das Stück Brot. Der Hund knurrte etwas vor sich hin, sie glaubte sogar, einige Worte zu verstehen, die sich anhörten wie »Nun bin ich erlöst!« – und weg war er und ließ sich von dem Tag an nicht mehr sehen.

Als das Mädchen auf dem Heimweg zu der Stelle kam, wo es den Hund von den klebrigen Klumpen befreit hatte, lagen im Gras so viele

Goldstücke, wie es Haarbüschel abgeschnitten hatte. Nun brauchte der Vater des Mädchens nicht mehr im Wald zu arbeiten. Sie kauften sich ein Häuschen und ein paar Stück Vieh, und alles, was sie anfingen, gedieh ihnen künftig aufs beste.

Der Sechspfennigzug

$\mathcal{F}$ischer teilten verschiedene Stellen der Seen, wo sie regelmäßig ihre Netze zum Fischfang auswarfen, in »Züge« auf. So haben der Zierker See bei Neustrelitz vierzig und der Tollensesee bei Neubrandenburg über hundert solcher Züge, und alle tragen einen oft eigentümlichen Namen. Im Woblitzsee bei Wesenberg hieß eine Stelle »Sechspfennigzug«, weil sich die Fischer dort fast umsonst abplagten und kaum für sechs Pfennige Fische fingen.

Einmal, zur Winterzeit, versuchten sie hier unter dem Eis zu fischen, doch blieben die Netze auch diesmal leer. Ein Fischer begab sich mit seinen Helfern und allen Geräten zu einem anderen Zug. Sein Bruder war aber an der ersten Stelle vom Branntwein betrunken auf einem Strohhaufen liegengeblieben und in einen festen Schlaf gefallen, der bis nach Mitternacht anhielt.

Da erwachte er. Alles um ihn war kalt und still. Nur in der Tiefe des Sees hörte er eine dumpfe Stimme: »Nun wollen wir die Fische nach dem Sechspfennigzug treiben!«

Er sprang auf und lief übers Eis, bis er seinen Bruder fand. Gleich berichtete er ihm, was er gehört hatte, und überredete ihn, an der ersten Stelle doch noch einen Zug zu tun. Der Bruder gab nach, und beide gingen nochmals an die Arbeit. Ihre Mühe wurde belohnt. Sie fingen so viele Fische wie noch nie und waren für eine ganze Zeit von allen Sorgen befreit.

Schloss Mecklenburg

In der Nähe von Fürstenhagen bei Feldberg soll einst Schloss Mecklenburg gestanden haben. Man erzählte, dorthin habe ein Gang unter dem Carwitzer See hindurch geführt.

Während der Laichzeit gingen zwei Fischer eines Nachts an den See, um Maränen zu fangen, das sind wohlschmeckende Fische, ähnlich den Forellen. Mitternacht war eben vorüber, da erschienen zwei weißgekleidete Frauen vor ihnen. »Wo wollt ihr denn jetzt noch hin?«, fragte der eine Fischer die beiden Frauen. »Wir gehen nach Schloss Mecklenburg!«, gaben sie zur Antwort. »Nur zu, wir stören Euch nicht«, sagte der Fischer. Bald waren die Frauen in der Dunkelheit verschwunden. Plötzlich verbreitete sich ein heller Schein. Voller Staunen sahen die Fischer ein altes Schloss, in strahlendes Licht getaucht, aufragen.

»Siehst du«, flüsterte der eine, »das ist Schloss Mecklenburg.«

Ein schweres Eichentor öffnete sich, die beiden Frauen gingen hinein, es schloss sich wieder. Ein Knall ertönte, wie ein Kanonenschlag – damit erlosch das Licht. Alles war dunkel und still wie zuvor.

Ein leichter Wind kam auf. Der Mond trat hinter Wolken hervor und spiegelte sich im sanft gekräuselten Wasser des Carwitzer Sees. Die Fischer gingen an die Arbeit und hatten überraschenden Erfolg. Es wurde ihr größter Maränenfang.

Die Nixe im Stolpsee

An einem Sommertag war ein Fischer aus Fürstenberg noch spät abends auf dem Stolpsee beim Fang. Der Tag war anstrengend gewesen, hatte aber nicht viel eingebracht. Nun fielen dem Mann vor Müdigkeit immer wieder die Augen zu. Schließlich lenkte er seinen Kahn ans Ufer, um ein Stündchen zu schlafen.

Nach einer Weile kam es ihm so vor, als packte ihn jemand an den Füßen, um ihn mit Gewalt zum See hinab zu schleifen. Schon spürte er auch kaltes Wasser an den Füßen. Er schrie laut um Hilfe und entrang sich mit äußerster Kraft der unsichtbaren Gewalt.

Am nächsten Tag berichtete er einem anderen Fischer davon. Der lachte ihn aus und meinte, er wolle den Geist auch einmal auf die Probe stellen, am gleichen Abend noch werde er es tun.

Doch ihm erging es nicht besser. Kaum hatte es Mitternacht geschlagen, als er auch schon gepackt und in den See gezerrt wurde. Obwohl der Fischer groß und stark war, konnte er sich nur mit Mühe aus den ihn umschlingenden Armen befreien.

Ein Schuhmacher aus Fürstenberg erzählte von einer Viehherde, die eines Nachts mitten durch den See getrieben worden sei. Er habe bei dem Anblick ein solches Grauen empfunden, dass er nachts nie wieder am Stolpsee vorbeigehen wollte.

Alte Leute in der Stadt wollten von einer Nixe wissen, die im Stolpsee lebte und um die Mitternachtsstunde zuweilen Menschen auf solche Weise in Schrecken versetzte.

Das Woldegker Ochsenhorn

Einst wurde die Stadt Woldegk von einer verheerenden Viehseuche geplagt. Da die Bürger vor allem von Ackerbau und Viehzucht lebten, taten sie alles, um die noch gesunden Tiere vor der Krankheit zu schützen und mussten doch hilflos und verzweifelt zusehen, wie von ihrem reichen Viehbestand ein Tier nach dem anderen zugrunde ging. Rinder, Pferde, Schafe, Schweine, Ziegen – alle fielen sie der Seuche zum Opfer. Nur bei einem stämmigen Ochsen waren keine Anzeichen der Seuche zu bemerken. Wenigstens er sollte am Leben bleiben. So wurde er besonders gut behandelt und versorgt.

Ausgesuchtes Futter bekam er und hatte die ganze Stadtweide für sich allein. Er gedieh prächtig dabei und erreichte eine seltene Größe und Stärke. Dazu wuchs ihm ein Horn von solcher Form und Länge, wie man es noch nie gesehen hatte.

Später, nach seinem Tod, erhielt dieses Horn zur Erinnerung an die entsetzliche Viehseuche einen Platz an der Kirchenwand. Solange es dort hing, soll Woldegk von ähnlichen Seuchen verschont geblieben sein.

Der letzte Lindwurm

*A*ls vor langer Zeit Siedler ins Mecklenburger Land vordrangen, zogen sich die Lindwürmer in unzugängliche Sümpfe und Bruchwälder zurück. Doch im Laufe der Jahre wurde ein Lindwurm nach dem anderen in oft erbittertem Kampf erlegt. Einer hatte noch am Kuckucksee zwischen Neetzka und Golm in der Gegend östlich von Neubrandenburg seinen Schlupfwinkel. Im Sommer wanderte er zum großen Schorfbruch bei Golm, wo Holzarbeiter und Schäferknechte vor ihm flohen, denn sie fürchteten das Untier, aus dessen Augen Funken sprühten und dessen heißer Atem eine unerträgliche Hitze verbreitete.

Eines Tages saß im Golmer Krug der Jäger Jacob. Er ließ es sich wohl sein bei Brot und Wurst, Bier und Branntwein und lud auch die Stammgäste zum Umtrunk ein. Jacob, der gern prahlte und flunkerte, hatte sie mit seinem Jägerlatein schon oft in Staunen versetzt. Diesmal nun berichteten sie ihm eine Geschichte, nämlich die von dem Lindwurm, den er im Schorfbruch treffen könnte. Er ging sofort darauf ein. »Ihr werdet schon sehen«, verkündete er, »mit Wurfspieß und Schwert bringe ich ihn zur Strecke!«

Er holte seine Waffen und machte sich auf den Weg. Doch Bier und Schnaps taten ihre Wirkung. Bald konnte Jacob vor Müdigkeit nicht mehr weiter. Er setzte sich auf einen Baumstumpf und schlief gleich ein.

Erst Stunden später schlug er die Augen auf – oh Schreck, vor ihm lag der Lindwurm, durchbohrte ihn mit feurigem Blick und stieß Wolken von giftigem Schwefeldampf aus seinen Nüstern. Der Jäger verlor das Bewusstsein und sank in tiefe Ohnmacht.

Als er wieder zu sich kam, fand er nur eine schleimige Gallertmasse, die das Untier zurückgelassen hatte. Auf dem Heimweg traf er Feldarbeiter, die ihm erzählten, der Lindwurm sei zum Kuckucksee und weiter nach Melkenhof gewandert. Dort errichteten Pferdehirten bald darauf aus Strauchwerk eine Hütte, um in der Sommersonne ein schattiges Plätzchen zu haben.

Eines Tages kamen sie vom Mittagessen und wollten sich dorthin zurückziehen, da fanden sie die Hütte besetzt. Der Lindwurm hatte sich eingenistet. Schnell zündeten sie die Hütte an, und augenblicklich stand sie in hellen Flammen. Das ausgedörrte Strauchwerk brannte wie Zunder. Der Lindwurm wand und ringelte sich krampfhaft, dann regte er sich nicht mehr. Übrig blieb nur ein Haufen Asche. Seitdem wurde in Mecklenburg nie wieder von einem solchen Tier berichtet.

Der Eberkopf an der Marienkirche

*E*in bronzener Türklopfer in Form eines Eberkopfes, dem ein Ring durch die Nase gezogen ist, trägt folgende Inschrift:

ich heyte herman ram	*(Ich heiße Hermann Ram.*
ich byn tam zam eyn lam	*Ich bin zahm wie ein Lamm.*
amen	*Amen.)*

Früher hing der Türklopfer am Südportal der Neubrandenburger Marienkirche. Aus den Trümmern der 1945 ausgebrannten Kirche wurde er, etwas beschädigt, geborgen. Heute können wir ihn im Historischen Museum der Bezirksstadt betrachten. Über ihn wird erzählt:

Auf den Feldern vor der Stadt richtete einmal ein wilder Eber großen Schaden an. Bestellte Äcker zerwühlte er, und in Getreidefeldern trat er ganze Strecken nieder. Auch Menschen hatte er in den Morgen- und Abendstunden grunzend und schnaubend in Furcht versetzt und sogar angefallen. Mancher Ackerbürger wollte sich zur Wehr setzen. Aber der Eber war zu stark. Ein einzelner konnte nicht gegen ihn an, sondern musste sich vor seinen wütenden Angriffen in Sicherheit bringen.

Eine Treibjagd wurde angesetzt, um den Schädling zu erlegen. Mit Speeren, Spießen, Hacken und Knüppeln bewaffnet, zog eine Schar von Bürgern auf die Felder hinaus. Als sie den Eber in seinem Versteck aufgescheucht hatten, begann mit lautem Hallo das Treiben. Doch schnell hatte das gewandte Tier eine Lücke in der Kette der Helfer erspäht und rannte, vom Lärm der vielen Menschen kopflos geworden, direkt auf die Stadt zu.

Durch das Stargarder Tor ging der wilde Lauf. Schon ertönten Schreckensrufe aus den Häusern, als das Tier laut keuchend durch die Straßen hetzte. Seine Kräfte ließen nach, es suchte einen Unterschlupf und fand die offen stehende Tür der Marienkirche. Lähmende Angst erfasste die dort Versammelten, als der Eber plötzlich eindrang. Aber er sank erschöpft und kraftlos im Mittelgang zu Boden, zahm geworden wie ein Lamm, so dass er sich wieder hinausführen ließ und bis zu seinem Ende keinen Schaden mehr verursachte.

Zur Erinnerung daran hat ein Handwerker, der wahrscheinlich aus Süddeutschland gekommen war, wo der Eber »Ram« heißt, den Türklopfer als sein Gesellen- oder Meisterstück angefertigt.

Die Glocken von Prillwitz

Südlich vom Tollensesee bei Neubrandenburg liegt der kleinere Lieps-See, meist nur »die Lieps« genannt. Wo sich dieser See jetzt ausbreitet, stand früher die große, schöne Stadt Rethra, Hauptstadt des Volkes der Redarier. Sie war für ihre Reichtümer berühmt. Gäste kamen aus fernen Ländern und bewunderten ihre Pracht und Herrlichkeit, auch ihre Tempel, die über kunstvoll erbaute Brücken zu erreichen waren. In einem dieser Tempel wurde Radegast verehrt, der Hauptgott der Redarier. Er war ganz aus Gold und ruhte dort auf einem Lager von Purpur.

Als Rethras Bewohner einmal den Zorn eines mächtigen Zauberers erregten, tat sich die Erde auf und verschlang die Stadt, die so tief versank, dass von ihr keine Spur mehr blieb, und über ihr bildete sich die Lieps.

Indessen sollte die Erinnerung an Rethra nicht ganz verlöschen. In den Kirchtürmen hingen drei kostbare Glocken. Auch sie gingen mit der Stadt unter, doch waren sie in jedem Jahr einmal, in der Mittagsstunde des Johannistages, vom Bann des Zauberers befreit. Dann kamen sie ans Ufer und lagen dort – freilich in Gestalt dreier großer, unförmiger Steine. Nach Ablauf der Stunde kehrten sie in ihr Wassergrab zurück. Obwohl in der Gegend bekannt war, dass sie auftauchen konnten, wurden sie doch nicht in den Steinblöcken vermutet.

An einem Johannistag hüteten Mädchen aus Prillwitz ihre Gössel auf einer Wiese an der Lieps, sie spielten dabei mit ihren Puppen. Dazu gehörte auch das Ausspülen der Puppenwäsche im See, gerade um die Mittagsstunde, da die Glocken unbemerkt als Steine ans Tageslicht gekommen waren. Die Kinder hatten die großen Steine dort noch nie liegen sehen, dachten sich aber weiter nichts dabei und legten ihr Puppenzeug zum Trocknen in der Sonne auf die beiden größten Steine.

Um so mehr erschraken sie, als sich plötzlich der dritte, unbedeckte Stein in Bewegung setzte und im Wasser verschwand. Dabei vernahmen sie Glockengeläut und zu den Tönen die Worte:

»Hanne, Susanne, wenn du mit wist, denn kumm!«

Die Mädchen verließen Puppen und Gössel, sie liefen nach Prillwitz und erzählten den Eltern, was sie an der Lieps erlebt hatten. Einige Leute gingen hin und sahen zu ihrem Erstaunen zwei Kirchturmglocken am

See liegen. Durch das Bedecken mit der Wäsche waren diese vollends vom Zauberbann erlöst und hatten wieder ihre Gestalt angenommen.

Die Leute berichteten im Dorf von ihrem Fund. Bald drang die Kunde auch zu den Neubrandenburgern, denen der Tollensesee und die Lieps gehörten und die nun die beiden Glocken für sich beanspruchten. Die Prillwitzer dagegen betrachteten sie als ihr Eigentum, weil Kinder aus ihrem Dorf sie gefunden und vom Bann befreit hatten.

Da sie sich nicht einigen konnten, kam es zum Prozess. Die Glocken blieben vorerst liegen, wo sie waren. Schließlich gewannen die Neubrandenburger, und für das Einholen der Glocken wurde ein Tag festgesetzt. Als er herankam, war die halbe Stadt auf den Beinen, denn viele Leute wollten die Prozession sehen, vor allem den Festwagen, der eigens für die Glocken gebaut worden war und mit sechs Pferden bespannt werden sollte.

Eine große Zuschauermenge hatte sich am Ufer der Lieps eingefunden. Viele Hände griffen zu, um die Glocken auf den Wagen zu heben. Dann trieb der Fuhrmann, der zu den wohlhabenden Bürgern Neubrandenburgs gehörte, die Pferde an:

»Nu, hoi, alltosam, dat sall blot för uns Rieken gahn!«
(Nun los, alle zusammen, das soll bloß für uns Reiche gehn!)

Aber der Wagen stand still. Der Fuhrmann knallte mit der Peitsche, er schimpfte und fluchte, tobte und schrie, die Pferde strengten sich an, dass ihnen die Adern schwollen – der Wagen rührte sich nicht vom Fleck, er blieb stehen wie festgewachsen. Noch mehr Pferde wurden vorgespannt, manche Zuschauer waren hergeritten. Trotzdem bewegte sich der Wagen nicht von der Stelle.

Den Neubrandenburgern sank der Mut. Was sollten sie mit den schönen Glocken, wenn sie sie nicht in ihre Stadt bringen konnten?

Auf den Feldern waren Prillwitzer Gutsleute bei der Arbeit. Wohl sahen sie das vergebliche Mühen, aber es fiel ihnen nicht im Traume ein zu helfen. Sollten die Neubrandenburger sehen, wie sie zurechtkamen.

Doch schließlich spannte ein alter Prillwitzer Landarbeiter seine vier Ochsen vor dem Pflug aus und trieb sie ans Ufer der Lieps.

Dort wurde er mit spöttischen Worten empfangen und ausgelacht obendrein, als er verlangte, seine Ochsen den Wagen ziehen zu lassen. Da er keine Ruhe gab und die anderen Versuche ja gescheitert waren, wurden die sechs Pferde ausgespannt und die Ochsen angeschirrt. Der Alte rief:

»All vier togliek för arm un riek!«
(Alle vier zugleich für arm und reich!)

Im Nu zogen die Ochsen an und fuhren davon. Starr vor Staunen sahen die Neubrandenburger, wie sie ohne Kutscher und Peitsche ihren Weg nahmen, nach Prillwitz hinein auf den Kirchturm zu, wo sie stehenblieben.

Einige Bürger, die das mit angesehen hatten, meinten, das gehe nicht mit rechten Dingen zu, die Glocken gehörten nach Neubrandenburg und müssten nun dorthin gebracht werden. Die meisten Bürger und auch die Stadtväter erklärten aber, die Glocken sollten in Prillwitz bleiben. Dort hängen sie in der kleinen Fachwerkkirche bis zum heutigen Tag.

Helmut Borth
**Grimms Märchen
aus Mecklenburg-Vorpommern**

ISBN 978-3-941683-64-8

Es gibt sie, Kinder- und Hausmärchen aus der berühmten Sammlung der Gebrüder Jacob und Wilhelm Grimm mit mecklenburgischen und pommerschen Wurzeln. Viele sind bereits in Vergessenheit geraten, darunter »Die weiße und die schwarze Braut«, »Die Krähen« oder »Das Mädchen ohne Hände«. Herausgeber Helmut Borth hat sie ausfindig gemacht, ihre Herkunft ermittelt und sie in den Fassungen von 1812 – 1840 neu aufgenommen. Im Anhang gibt er Informationen zu den ursprünglichen Märchenerzählern und Herausgebern, darunter Pastor Johann Jakob Nathanael Mussäus oder der pommersche Maler Philipp Otto Runge. Ein Kleinod für Erwachsene.

Waldemar Siering
50 sagenhafte Naturdenkmale in Mecklenburg-Vorpommern

Bäume – Findlinge – Feuersteinfelder – Dünen

ISBN 978-3-95799-022-8

Mecklenburg-Vorpommern ist berühmt für seine Natur, die oftmals das Bild von Unberührtheit vermittelt, von Urwüchsigkeit und beeindruckender Vielfalt. Kaum verwunderlich also, wie viele Naturdenkmale das Land zwischen Ostsee und Seenplatte aufzuweisen hat: jahrhundertealte Bäume, Findlinge von faszinierender Größe, Binnenwanderdüne oder sagenumwobener See. Autor Waldemar Siering hat 50 der interessantesten von ihnen aufgesucht, fotografiert und ihre Geschichten auf Papier verewigt – unterhaltsame Naturbeschreibungen, Überlieferungen wie die vom Königsstuhl und Sagen wie die vom Teufel und den Eichen von Ivenack eingeschlossen. Entstanden ist eine Einladung zum Entdecken, Lernen und Reisen.

Waldemar Siering
Bergführer Mecklenburg-Vorpommern
66 sagenhafte Reiseziele

ISBN 978-3-95799-040-2

In Mecklenburg-Vorpommern an das Bergsteigen zu denken, ist schon skurril. Abwegig ist es jedoch nicht, denn dutzende Höhenzüge laden zum Bezwingen ein und das bei wohl fast hundertprozentiger Erfolgsgarantie. Gewichtiger sind allerdings die zahlreichen Entdeckungen am Berges- oder Wegesrand – jahrhundertealte Baumriesen, Naturdenkmale, geographische Besonderheiten oder Perlen der Architektur. Autor Waldemar Siering hat einen unterhaltsamen wie aufschlussreichen Reisebegleiter verfasst, der zum Erkunden animiert, zum Genießen einer traumhaften Landschaft und zum Erholen an frischer Luft. Also auf die Berge und Mecklenburg-Vorpommern einmal aus einer ganz anderen Perspektive entdecken!

Die Deutsche Nationalbibliothek verzeichnet diese Publikation
in der Deutschen Nationalbibliografie;
detaillierte bibliografische Daten sind im Internet über
http://dnb.d-nb.de abrufbar.

3. Auflage 2022
© Steffen Verlag GmbH, 2011
info@steffen-verlag.de, www.steffen-verlag.de

Illustrationen: Werner Schinko

Herstellung: Steffen Media, Friedland – Berlin – Usedom
          www.steffen-media.de

ISBN 978-3-941683-94-5